谢鹏雄 著

东瀛女史

山東畫報出版社

图书在版编目（CIP）数据

东瀛女史 / 谢鹏雄著. —济南：山东画报出版社，2015.4
ISBN 978-7-5474-1459-0

Ⅰ.①东… Ⅱ.①谢… Ⅲ.①妇女–生平事迹–日本
Ⅳ.①K833.138.5

中国版本图书馆CIP数据核字（2015）第044816号

责任编辑 韩 猛 郭珊珊
装帧设计 王 钧
主管部门 山东出版传媒股份有限公司
出版发行 山东画报出版社
社 址 济南市经九路胜利大街39号 邮编 250001
电 话 总编室（0531）82098470
市场部（0531）82098479 82098476（传真）
网 址 http://www.hbcbs.com.cn
电子信箱 hbcb@sdpress.com.cn
印 刷 山东临沂新华印刷物流集团
规 格 148毫米×210毫米
8.75印张 105幅图 100千字
版 次 2015年4月第1版
印 次 2015年4月第1次印刷
定 价 43.00元

建议图书分类：日本文化/日本史

目　录

序　负雅志于高云

根据日本史书《古事记》及《日本书纪》的记载，最早的日本是由居住在“高天原”的天照大神统治的。天照大神是一位女神，雍容高贵，稳重而刚毅，后世史学家认为这位神祇可能是古代希腊“雅典娜”女神的翻版。天照大神有胞弟一人名“建速须佐之男命”，曾为不愿受派令而撒野，天照大神一怒拂袖躲入“天岩户”而使全国陷入黑暗。众神费尽苦心才扳开岩户，使世界重见光明。

近代日本史学家曾努力解读这段人物（或“神物”）间众多的关系错综复杂的事件所暗喻的古代氏族或族群间合作及争斗的历史，但迄今众说纷纭，莫衷一是。比较清楚的是在那个年代里，除天照大神外有“天宇受売命”女神，美貌善舞，另有许多女神都多才能干。归纳起来，那应该是以女人为主的母系社会。传说中的第一位男性人皇“神武天皇”，也仍是传说中的人物，其生卒年月及生平事迹均不可考。

西元五九二年，崇峻天皇被逆臣苏我马子所杀，崇峻之皇后即位为帝，是为推古天皇。推古封兄子为太子（后世称“圣德太子”），姑侄协力内拒苏我，外启与中国（隋朝）的外交。派“遣隋使”，带回诸子百家文、佛经、汉字、汉文、汉诗及诸多文物，从此汉字融入和文。又从汉字部首变化出日本的“片假名”及“平假名”，使日本语音有统一确实的文字可以纪录。又发起“大化革新”，制官职，草律令，正风俗，兴文化，历数十年，由另一女帝持统天皇完成，使日本晋入有法律可循的国家。此后女帝代有所出。

西元七九四年，日本迁都京都，文风鼎盛的“平安王朝”从此开始。七十多年奈良时代的文化累积、遣唐使的频繁往来、汉文的大量通行，并被写入文学作品之中……最重要的是日本史上第一部综合性和歌集《万叶集》出版，成为许多人看得到的一部和歌的典范集。这部和歌集的出现激起了文人、诗人、“歌人”（做和歌的人）的创作意愿，以及企图超越前人的意图。如果以我国汉、晋时代沉郁苍古的诗来形容《万叶集》里的和歌，那么平安王朝中期出版的《古今和歌集》应算等于盛唐灿烂华丽的诗的集大成吧。在这个集子里平安初期至中期，在宫中担任“女房”（女官）的才女紫式部、清少纳言、和泉式部，以及上自皇帝、皇后、首相、大臣，下至庶民、叫化子作的诗，都极尽人情世态，诉尽相思及爱花、赏雪闻西风而悲的心情、诗情。在这中间，女房们做的和歌特别多，特别感人，原因在于她们是女性诗人中享受看汉文书的特权者。当年不知由于什么样的理由，女子是被禁止看汉籍的。但贵族女儿在家和兄弟一起阅读，无人知道；做了女房后，有皇后、皇妃的庇护，她们读汉文、汉诗，无人敢奈何她们。后来她们更写汉文、吟汉诗，影响所及，全国都效尤，禁令已成空文。大和女子常自愿为家庭之柱石，相夫教子，但她们在东方国家中最早沐浴文化，参与文学及诗作。而女政治家、女诗人、家庭妇女，乃至艺妓、舞妓、戏子都参与的结果，“使女子在文化、文学创作的版图中，占有率高于世界各地”（Harold Bloom 著《*Genius*》）。“在明治维新前的重要文学作品或诗作中，女作者的作品在量与质方面，都与男性作品分庭抗礼。”（竹西良子著《日本文学之历史》）

大和抚子诚然可爱，她们做皇帝时全力以赴，做女官时拼命护主，谈恋爱时为情人牺牲性命，奉献全部的情，为情人故“亲也渺小，道也渺小”（与谢野晶子诗），写作时如入无人之境（清少纳言著《枕草子》）。

本书中所写几十位日本才女都是政治、社会、文学、诗歌、戏剧史上的佼佼者，她们诚如陶渊明的《闲情赋》中所描述：“淡柔情于俗内，负雅志于高云。”令人怅望千古而不释于怀，谨为序。

二〇一〇年岁末

日本的开国女神

日本的开国神话，根据现存的《古事记》及《日本书纪》所记述（两书合称《记纪》），罗列了十几代只有名字而无事迹的神名之后，从“伊邪那岐神”及“伊邪那美神”这对夫妇神开始才有较详细的故事。

两位神似乎像《旧约》中的亚当与夏娃一样，有一天突然发现男神与女神的身体有所不同，而商量“以有余补不足”，就生下了日本列岛，并陆续生下“泡那美神”（似古希腊的维纳斯）、“天之水分神”、“国之水分神”、“大山津见神”等等多位男女神；但在生下“火之迦具土神”时，母亲为这个“火神”之火烧伤而死。

失去妻子的“伊邪那岐神”，于是到“黄泉国”去寻找“伊邪那美神”，并见到了她。但男神犯了一个错误，就是误食了黄泉国的食物，于是他成为不能返回阳世的男神。女神大惊，

岛根县松江市东出云町黄泉比良坂，相传伊邪那岐神就是在这里进入了黄泉冥界。

表示她将去求见“大神”向他求情，并叮咛男神就在原地等候，不可到处乱看。男神久候不见妻子回来，忍不住走进里面，却看到女神腐烂的尸体。此时女神大怒，率冥府兵团来追男神，男神将身上所有竹笋及桃子投向兵团，趁其抢食，仅以身免。

“伊邪那岐神”回来之后，独自生下“三贵子”：第一个，于洗左眼时生下“天照大神”，即命她统治“高天原”；第二个，于洗右眼时生下“月读命”，即命他统治“夜食国”；第三个，于洗鼻时生下“建速须左之男命”，则命他统治“根之坚州国”。这个安排是封女儿“天照大神”为太阳神，封长子“月读命”为月神，而封次子“建速须左之男命”为山河海之神。充分表示在“神代”时代，日本已是女系社会了。

天照大神

天照大神统治的“高天原”，到底在今日日本列岛的哪一个地方？有的说在九州，有的说在关西或出云，众说纷纭，莫衷一是。总之，那也是神话的一部分，意思是日本的精华区吧。受封为“建速须佐之男命”的次子却不肯赴任，吵着要见母亲，为父神所放逐。男命于是来到高天原向大姐天照大神辞行，但他心有不甘，举动粗暴，将坐马剥皮掷入神殿。为此天照大神大怒，隐入“天之岩户”。大神既隐，世界陷于黑暗，众神惊慌，便设计在“岩户”外舞蹈嬉笑，由美神“天宇受壳命”带头裸露上身群舞。大神在岩户内听外面有嬉笑声，打开岩户向外望时，另一力神费劲将岩户扳开，请大神步出。于是天地恢复光明，男神也抱愧离去。

在日本宫城县台町第103号古坟出土的女性殖轮，造型虽然较为粗糙，但是我们还是可以从中看到先史时代日本女性的一些风貌。

江户末期的浮世绘师歌川国芳所作的须佐之男像

关于天照大神之性格端庄，行止庄严，兼具灵力的造型，后世有人认为是古希腊神话中“雅典娜”（Athena）的翻版。也有人认为那是中国《魏书·倭人传》中的女王“卑弥呼”的神话版。按《倭人传》中说：“……倭国乱，相攻伐，历年乃共立一女子为王，名曰卑弥呼。事鬼道，能惑众，年已长无夫婿，自为王以来少有见者。以婢千人自侍。唯有男子（亦说胞弟）一人给饮食，传辞，出入居处……”卑弥呼之说合乎古代以巫女兼任宗教首领及政治长官的习俗。

辞别大姐的“建速须佐之男命”来到出云地方，变身为有抱负的男神，为了救土地神“足名椎”之女儿“栉名田比卖”被充作祭品供给大蛇吞噬，毅然单身挑战八头蛇“八俣远吕智”，先用计以八桶酒将蛇灌醉，然后将其斩杀，也算为民除害，且于蛇尾中获得宝剑“草薙剑”。此剑后来与“八咫镜”及“八坂琼玉”一起，成为日本传国宝“三种神器”。

“建速须佐之男命”于是娶“栉名田比卖”为妻，定居出云须贺地方，为妻子营宅屋，并吟诗：“八云涌，出云八重垣，为妻营造八重垣，八重垣。”“栉名田比卖”亦拼音为“奇稻田姬”，定居以后奖励农业，稻米丰收，评者或认为这段神话酷似汉高祖斩白蛇起义的典故，以上神话俗称“出云神话”。这后面还有一段“日向神话”，开国神祇才能落实到第一位“人皇”——神武天皇。

日向神话

日向神话叙述天神的子孙取道“天之浮桥”来到地上后，三代之间所发生的事情，这个故事称为“天孙降临”。根据《日本书纪》（以汉文撰写）及《古事记》（以和文撰写）的记载，降临的地点是九州的“高千穗”，降临的皇孙名“番能迩迩艺命”。他派美女神“天钿女”去说服阻路的猿田彦神（大约是一只巨猿）带路，天钿女裸露上身，魅惑猿神，三言两语就将其降服。

天孙到处寻找肥沃的土地时，遇美姝“石长姬”，乃拜访其父请求婚配。其父大喜，将石长姬及乃姐“岩长姬”一起嫁与天孙。但天孙只留下石长姬，而将较丑的岩长姬送还给岳父。岳父大为失望，对天孙说：“我幼女石长命当多生子嗣，必会像你的子孙绵延不息；但长女有保护家族健康的神力，汝今将之遣还，眼看子孙将不寿矣。”后来历代天皇寿命皆不长，《记纪》认为是岩长姬诅咒的结果。

天孙之后三代而有“鹈葺草葺不合命”娶姑母“玉依昆亮命”而生四子，其幼子“神倭伊波礼彦命”即为第一代人皇——“神武天皇”。

神话的起源

神话，因为说的都是太古以前的事情，许多读者难免以为神话都是太古时候就已存在或写好的。事实并非如此，地球上大多数民族的神话，都是在人类已有编写故事的能力之后才逐渐形成的。所以各民族或各国的神话，多半发生于中古，而定型于中古以后，这中间有些原因。

第一，神话有一大部分是历史事实的投影，有时也依照帝王及历史上的伟人、英雄，去重塑神话人物。这必须在历史已经进入由帝王统治或由英雄人物领导的状态才可能诞生。而所谓“太古神话”的“太古”，是由后世的人设定的。

第二，神话的事迹及人物，常常是“官方”制造的。历史上出现一个专制皇帝，就能命一群文人去撰写一连串神话，做为这个或这系列帝王的祖先背景。而且凡是不利于这样的宗旨的比较富于想象力的神话，在这时期常遭删除，世界上最未经删除而有趣的神话是希腊神话。因为希腊在西元前一千年时，就诞生了像荷马这样伟大的史诗诗人，大量使用当时既有的神话人物，写成史诗，流传千古。所以希腊的神话有趣，富于想象，神祇多，事迹多，可敬的、可歌的、可悲的事迹流传下来；可笑、可鄙，乃至荒唐的事迹也流传下来。乃因，这些神话还未来得

明治时代的浮世绘画家安达吟光所作之神武天皇东征图，描绘了八咫乌引导天皇进军的场景。

及删除，就透过史诗及古希腊悲剧作家之笔传播出去了。

第三，神话人物的名字通常显得很“古色古香”。以日本神话而言，如“伊邪那岐神”、“番能迩迩艺命”，确是使用日本上古时代所使用的“万叶假名”。所谓“万叶假名”是以汉字的读音作为日本话的音标，未标示日本话。这种名字，中世以后的日本人若无“片假名”注音，是没人念得出来的，由于太古色古香，人们很容易相信那是远古的人物及事迹。然而，这样的名字，这样的故事，其实若非到了政权集中巩固，官吏已经相当有学问的时代，如何“设计”得出来？这话，可以用在世界上许多民族及国家的神话上。而日本，从西元一千多年以后，就出现许多女皇帝，后来又以紫式部、清少纳言、和泉式部、小野小町等人为首，缔造了文学盛世，其神话中的开国神“天照大神”是一位女神，也就可以了解它为何抄袭一些希腊神话却不像希腊神话那样以男神“宙斯”为主神，也不学男神“玉皇大帝”主管天界了。

在人类文化的黎明期，女巫、神女、女神、女酋长、女皇帝及女诗人的传说交织发展，到了君权统一的年代，经过整体增删，有时做有目的的运用，成为神话。其内容思想、趣味性及真伪，意识型态上错综复杂，成为人类学及史学上相当难解的学问。另一方面在这些传说中出现的女性，常常神秘、高贵、热情、艳丽、慈悲，令人心向往之。因此后世诗歌、小说也就从中多方取材，以增加其可看性，说来这些传说人物对后世的

神功皇后木像，她名为气长足姬尊，父亲是气长宿弥王，仲哀天皇的皇后，她和天皇同道到九州筑紫征讨熊袭，在仲哀天皇在当地病死后依从“神谕”发动了“征伐”朝鲜半岛的战争，在归途上生了应神天皇，之后“垂帘听政”六十九年。神功皇后的以上事迹泰半属于传说，但是将她有关朝鲜半岛的事迹的时间轴下拨干支二运（一百二十年）的话，则有一部分和事实相合。《日本书纪》引用《三国志·魏书·倭人传》，将神功皇后比定为三国时代邪马台国向魏明帝遣使进贡的卑弥呼。

影响也是很深远的。

日本现代的史学家称天照大神、卑弥呼及神功皇后为开国“三巫女”。神功皇后相传为第十四代天皇仲哀天皇之皇后，曾向丈夫传达神谕，命他攻打西方取回金银珍宝，但天皇不信，却因此死去；于是神功皇后带领军队，西进攻击新罗，征服了朝鲜人云云。《日本书纪》里有此记载，但史家多认为是为了夸耀日本国力而有此记载。日本的历史在这时候，尚在传说阶段，只在与“外国”（即中国及朝鲜）的接触中留下一些纪录，须等到西元后五百多年第一位女皇帝即位前后才会有信史。

女　帝

日本历史上曾有十“代”（任）八位女帝。所以十代而只有八人，乃因其中有两位——皇极天皇及孝谦天皇退位后又“重祚”（再度践位）一次。这十代女帝依时代先后序为推古、皇极、齐明（皇极重祚）、持统、元明、元正、孝谦、称德（孝谦重祚）、明正、后樱町；其中元明、元正及后樱町是因为皇子年少，只好由母后暂时接任；另明正帝则因父皇后水尾天皇赐紫衣给高僧，却为幕府所夺，愤而退位，她只好暂继皇统，十五年后让位给胞弟“后光明”天皇。

较有实际意义的女帝大约只有三任，即推古、齐明、持统。所有女帝都是皇女或皇女而兼皇后者，日本人称他们的天皇“万世一系”，他们的皇统似乎一直维持在皇族血统之内。

推古天皇（五五四～六二八）

日本第三十三代天皇推古天皇，原名“额田部”，亦称“丰御食炊屋姬命”，是钦明天皇之第三皇女，母亲为权臣苏我稻目之妹。她嫁异母兄敏达天皇为皇后后，隔代的崇峻天皇为当时掌握大权的大臣苏我马子所毒杀。马子为安抚当时朝廷内外不安的局面，蓄意立女性为帝，是为推古天皇。开始时推古天皇虽居帝位，只主持祭祀等方面的事务，另立“厩户皇子”为皇太子兼摄政，是为“圣德太子”。圣德太子与姑母推古帝都是权臣苏我马子所拥立，是以执政初期都不敢违逆马子的意思。事实上在这时期，圣德太子能照自己的意思施行的政策很少，但太子有心提升皇帝权力，改造社会的风俗，他在姑母默许下，一步一步进行他的计划。他首先参考中国（隋朝）及三韩的制度订定“冠位”（官阶）为十二冠品，每冠皆以所戴之冠（帽）的形式为识别，这十二阶是：大德、小德、大仁、小仁、大礼、小礼、大信、小信、大义、小义、大智及小智；不久，又颁布宪法十七条，并与马子共谋派“遣隋使”到中国，学习汉字、汉文、汉文学、文物、制度，并召集学者撰写国史。这部国史可惜在苏我一族受诛时烧失，仅剩片断，后来由参与的学者子孙凭记忆抄录下来。太子又笃信佛教，广建寺院（如大坂的四天王寺、大和的法隆寺等），邀集僧侣抄译经文，雕刻佛像，使日本的美术及建筑术晋入另一境界。其所建“金堂”后来成为日本国宝，在昭和年间与太子像一起印在日币一万元券的面背上。太子与隋朝进行平等国交，曾在来往国书上写“日出国之天子致书于日殁国之天子，无恙乎……”云云，迄今日本史册津津乐道。

圣德太子是日本史上真正存在而事迹可考的大政治家。但这位大政治家之在权臣虎视眈眈下能做出那么多事情来，若非姑母推古帝的信任及保护是不可能的。推古是标准的日本女性，坚毅而谨慎，有智慧而才不外露。推古三十二年十月，苏我马

位于大阪府南河内郡太子町的山田高家古坟，被推定为推古天皇陵。

子恃其外甥女是皇帝，要求皇室领地葛城县为其私有地。推古十分为难，耐着性子向舅父分析得失，告诉他夺取皇家土地对于皇帝及大臣都是声望的损失，终使马子知难而退。她一方面不得罪马子，另一方面维护皇室的尊严，也使太子能发挥所长。但她见太子与马子都太热心于佛教，难免疏远并忽略了日本固有的神祇，故意常常在宫中行祀神之典，借以提醒日本神祇才是国本。

皇极天皇（五九四～六六一）

舒明天皇驾崩后，当时大权在握的苏我虾夷（马子之子），排开皇太子及舒明之子的相争，拥立了舒明天皇之皇后为皇极天皇。此时虾夷固然跋扈，其子入鹿尤其目无君王，横暴异常，他为筑自己父子的坟墓，动用公家资财，征召百姓服役，使生灵涂炭，天下不宁。此时皇太子“中大兄皇子”暗中与大臣“中臣镰足”密谋除去入鹿，以安朝廷。先是，镰足见入鹿之目无君上，蓄意除之而苦无机会。一日，皇太子在蹋球之际脱落了靴子，镰足见之拾而下跪奉上，皇太子竟也下跪而以双手接靴。镰足见太子礼遇臣下，知有可为，渐次接近太子，并将除去苏我入鹿之计请示。于是择定于皇极四年（六四五）六月，三韩来使呈献贡物之时举事，于宣读表文之际，出伏兵刺死入鹿。

苏我氏自推古天皇时代便已权倾朝野，历四世一百年而受

《多武峰缘起绘卷》中描写中臣镰足诛杀苏我入鹿的场景，不过需要注意的是，因为绘卷作于江户时代的宽文年间，画中的宫廷和人物装束并不是飞鸟时代的样式。

诛，是当时朝廷的大事，苏我氏亡后，皇帝始得真正成为权力中心，成就后来的“大化革新”。这事件皇极天皇事先并未预闻，但却为示负责而退位，由其弟“轻皇子”继位为孝德天皇。发动政变的皇太子“中大兄皇子”则为专心实行政治改革，并未考虑做皇帝。相对地，当上皇帝的孝德天皇眼看改革事务都不经过他的渠道，郁郁而终，在位九年而已。并由皇极重祚为帝，史称齐明天皇，是皇位重祚之始。

齐明天皇再度为帝之后，不甘只做司祭祀的皇帝，在位七年之间，大兴土木营建宫殿，并为征伐百济亲莅九州督师，又自行带军率同皇太子“中大兄皇子”、其弟“大海人皇子”及其妃“鸬野皇女”（中大兄皇子之女，后为持统天皇）西征肃清地方，最后死于征途上。她以古代的“神功皇后”自居，好大喜功，为营建宫殿，挖巨沟，以两百艘船运搬木材，竭尽民力，耗费资财，一宫未成又计划营造另一“吉野宫”，可以说是虚荣与浪费癖兼具的女性。后世传说她的死是因为下令砍伐“朝仓”社树，触怒神灵之故。

持统天皇

持统女帝是第一位能真正行使皇权，为国建立制度的女帝。《日本书纪》称赞她：“天皇，深沉而大度。”（按：此语出自中国《后汉书·伏皇后纪》）又说她虽为女性，但“好礼节俭，而有母仪之德”（这一句则录自《后汉书·郭皇后纪》）。

持统天皇幼名鸬野皇女，是“中大兄皇子”的第二个女儿；她有一个同母姊大田皇女，另有两个异母妹及一个异母弟大友皇子；这些兄弟姐妹在日后的皇位竞争中，都成为她的阻力或助力。

中大兄皇子在皇极、齐明皇帝在位期间，曾与中臣镰足合谋诛权臣苏我入鹿，推动大化革新，使日本的国威远达朝鲜半岛，并将日本带入“律令国家”的初期，是一位有谋略、有魄力的皇子。后来他即位为天智天皇，也曾为日本奠定京都，开垦产业，他的同母弟“大海人皇子”一直是他的左右手。但由于后世无法考据的原因，中大兄皇子即帝位后，将一位“额田女王”纳入后宫。额田女王原是大海人皇子的情人，且已与其生了一个女儿。

正仓院藏鸟毛立女屏风，典型的唐风美人图。

中大兄皇子将这样的女人纳入后宫，虽原因不明，但这个三角关系一直持续到天智天皇去世后才告结束。这中间留下了三个人互相唱和的和歌、情歌，大大地丰富了日本史上第一部和歌集《万叶集》（详见后篇《额田女王》）。不知是否为了弥补这件事情的缺憾，天智天皇将他四个女儿都嫁给了大海人皇子。叔父娶侄女在当时的日本并非没有先例，但将四姐妹嫁给叔父，令人怀疑这中间到底有什么用意？一说以为镰足去世后，天智与大海人中间失去调停人，兄弟关系恶化，天智又封其皇子大友皇子为太政大臣，使大海人觉得他这皇位继承人的位置备受威胁。四姊妹先后下嫁，应是缓和局面的策略之一吧。

但天智去世后，大友皇子继位，大海人立即连夜逃离京城，

藏于奈良药师寺的吉祥天女像，这种丰腴的唐风女性形象，正是奈良时代人眼中的美女标准。

然后领军回来争位，这场悲剧终未能避免。而鸬野皇女，此时已嫁大海人多年，她站在丈夫这边而反对父亲及异母弟的立场，并且坚持立场，一直活到丈夫即位。大海人死后，自己即位为帝，最后还自封太上皇，继续控制国政。

计日本史上最早的三位女帝，第一位推古终生未脱离“天照大神”巫女的意味，其维护日本神祇、信任圣德太子，则不愧人君的气度。第二位齐明是较女性化，也具备了女性的一般性弱点，幸当时有中大兄皇子及中臣镰足全力支持诛杀苏我入鹿，使她得以安然在位。第三位持统是真正力行君主事务，负起帝王责任的女帝，其对日本皇权及国家安定的贡献，无可争议。

刚毅有为的持统女帝

鸬野皇女奉父命嫁给叔父大海人皇子(后来的天武天皇)时，年仅十三岁，其叔父年二十七岁。此时大海人身边已有大田皇女（鸬野同母姊）、新田部皇女（异母妹），另外才貌冠绝皇族的额田女王，此时与大海人之间生有一女。研究这段历史的史家，有的认为鸬野嫁入这个已经有许多妃子围绕着“皇太弟”的宫中时，毕竟年少无知，不知前途之难为。但也另有史家认为，她少年老成，腹中已有机谋，所以不动声色地走进这个复杂的环境。

天智十年（六七一）十月，天智天皇病危，派安麻侣密召大海人，安麻侣一向与大海人交好，私告大海人“说话小心”。大海人见兄皇，天智表示愿意以皇位相让，但大海人自知身处危境力辞继位，即日穿上僧服，将宫中兵器悉数缴库，翌日，只带几个随从远走吉野。这时许多妃子中只鸬野相随，因为只

《绘因果经》（京都醍醐寺藏）中的奈良时代贵族形象。

有她是“正妃”，也只有她完全站在丈夫这边而非存心观望。大海人在山路上吟诗：“吉野耳我岭，降雪又下雨，雨雪无停时，我心如冰雪……”

同年十二月三日，天智天皇驾崩，其长子大友皇子主持“近江朝廷”，发兵阻断大海人运搬粮食的道路。于是大海人在吉野号召三大豪族起兵攻近江，结果逼死了大友皇子，即位为天武天皇，鸬野皇女正式成为皇后。这次政争在史籍上称为“壬申之乱”。

天武天皇治世十五年之间，推动前代“大化革新”的政治，使日本真正成为“律令国家”（有法律的国家）。这时良相中臣镰足（后改姓为藤原镰足）已经去世，天武失去了左右手，其功能似乎由才识慧敏的皇后代替，皇后此时开始，事实上已经和英明的丈夫共同治理国家了。

鸬野皇女出生于大化元年（六四五），与同母姊大田皇女先后嫁给大海人皇子。大田先生了“大津皇子”，与鸬野所生的草壁皇子后来为继承皇位的问题，引发凶险的斗争。这个结果是天智天皇将四个女儿嫁给胞弟，希望胞弟因此感恩把皇位继承权让给这四个女儿的兄弟大友皇子时没有想到的。天智与天武两任皇帝都是日本史上的英主，他们在政治上兄终弟及，完成了大化革新，也树立了以天皇领导的朝廷制度。后世的史家有意为重视这对兄弟政治上的建树，而不追究其继承时的兵戎相见；也故意将兄弟争夺一个“额田女王”的过程，写成浪漫的爱情故事。值得注意的是从这个时代开始，君主神格化的运动已经成功，大臣、文人纷纷以和歌歌颂天皇是神，至此天皇从祭祀神祇的女巫或男巫兼酋长，成为神祇本身。大伴御行作的歌：“大君如神兮，以赤驹之原田井为都。”是歌颂天武天皇的；柿本人麻吕所作：“大君如神兮，应居天云雷神上。”是歌颂持统天皇的；另天武天皇的谥号为“天淳中原瀛真人天皇”，意思是统治中原及大海的真人。真人，是中国道教中成仙的真人。

皇亲政治

天武天皇十五年的治世中，不曾从贵族官僚中任命过一位大臣，他以皇族成员为大臣，推行皇亲政治，而皇亲的第一人就是皇后。《日本书纪》记录：“立后之后常相左右，建言、辅政，多所襄助……”天武天皇从吉野领军打入近江争夺皇位，即位之后，甚少离开京城，因为局面尚未底定，不敢外出。但只有一次率皇后及草壁皇子、大津皇子等六位皇子到

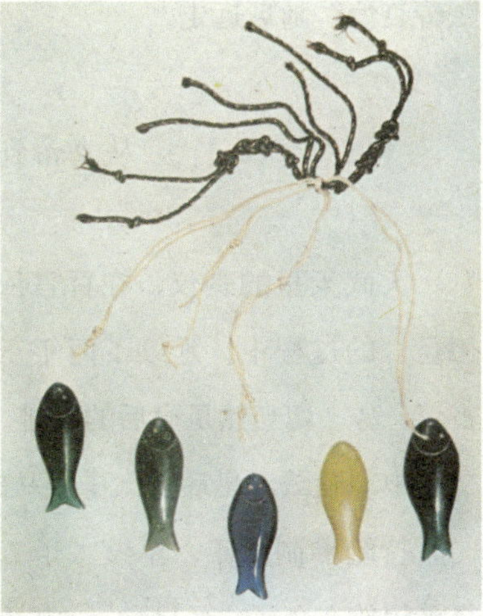
当时女性使用的玻璃小挂件，正仓院藏。

吉野去“开会”。会中下诏给大皇子曰：“千载以后，不可有事。”不可有事的意思就是不可再发生“壬申之乱”，那为争皇位而流血的事件，这次旅行开会盟约显然是皇后策划的。所以盟约之后两年，草壁皇子就封为皇太子，而长男大津皇子谨记“不可有事”之诏，没有异言。“朱鸟”元年（六八六），天武天皇下诏：“天下事不问大小，均先奏皇后及皇太子。”至此皇后参与问政的局面正式化了。同年九月九日，天武天皇崩，皇后未经群臣推戴，以“天武帝遗诏”，径自“称制”，为实质上的皇帝，当时其子草壁太子已二十五岁。但皇后心中另有所思，在丧仪中指责大津皇子有谋反之嫌，逮捕之，处死，大津妃山边皇女殉夫自杀。此时大津之母早已去世，其同母姊大伯皇女

赋诗哀悼，随后远走。

从女帝到太上皇

天武天皇的丧仪，在百官依次呈献“诔”（歌颂死者生前德行）的过程中，延续了两年三个月，可说是史上费日最多的丧仪，这一切当然是皇后的安排。因为百官呈献的表面是“诔”，文字中却暗藏对皇后及太子服从的誓词。

持统称制三年，草壁太子二十八岁去世，四十五岁的持统将希望放在孙子“轻皇子”，并于翌年正式称帝，是为持统天皇。她先“称制”而不即帝位是有原因的，因为称制时她感觉群臣及其他妃子都尚未心悦诚服。三年后，她即帝位时，大臣奉上大盾，中臣大岛诵天神寿词，另一大臣奉上神玺、剑及铜镜，把神话中天照大神拥有的宝物都奉上了，其即位仪式的规格，可谓空前隆重。这不只是排场而已，智慧高人一等的女帝深知不成为专制君主，不能行专断的政治。为此，她优遇柿本人麻吕等诗人，让他们常常歌咏神统之高贵及帝王之尊严。她在位七年之间，迁都藤原宫，订官位太政大臣、左大臣、右大臣及“大纳言”等，使其分层负责，依照“大宝律令”的精神，各司其职执行朝廷的重要职务。持统四年七月，大政大臣高市皇子病殁，持统命大臣们“廷议”嗣位问题。会议中间弓削皇子颇有异议，但已先承意的葛野王说了一句：“子孙相继践天位，乃神代以来的故事。”众议遂决，由轻皇子嗣位。持统完成了“大宝律令”的体制，也完成了最艰难的全国户籍调查后，于持统十一年（六九七）传位皇太孙轻皇子（文武天皇）后，而自居太上皇，继续问政。这是日本史上有太上皇之第一例。

坐上太上皇位置的持统，自大宝元年（七〇一）起，连续到吉野、纪伊、伊贺、三河等地出巡数次，好像要亲自确认自己治世下各地人民是否安居乐业。也曾对朝鲜新罗来贡的使节团诘问为何只派了一艘船来？盖此时持统已视新罗为“属国”，后世史书评持统此时已有“日本版的中华思想”。

大宝二十年十二月二十二日，女上皇驾崩，享年五十八岁，丧仪长达一年，与天武天皇合葬。其死早唐武则天三年，然其强韧的意志与政治的手段可能与之伯仲之间。

一般人总以为日本女性温婉而柔弱，事事听命于男人。但法国史学家雅伯·史伦认为，日本许多女性天生擅长以柔克刚的技巧，平时能很自然地做出温柔哀怨的姿态，但必要时显现出的刚毅，超越男人。日本的女帝王、女政治家（如北条政子）、女文学家（如与谢野晶子）、女散文家（如清少纳言）之作为及作品，都显示出这种特色。而持统女帝在性格及作为上，应可称为日本史上第一个刚毅有为的帝王。

额田女王

额田女王据传是镜王之女，也说是崇峻天皇的后代，一说她曾担任“斋院”（祭祀神祇的皇女，也称斋王）。她是皇族成员，其一生得到中大兄皇子（后来的天智天皇）及大海人皇子（后来的天武天皇）两兄弟的宠爱，而且与大海人生了一个女儿十市皇女。就她这样的际遇而言，她若对政治有兴趣，或对权力有执着，好好运营，虽未必跻身女帝之列，但在朝廷权力角逐之间，呼风唤雨是可以做到的。她没有这样做，因为她天生是另一种人：她感性、浪漫、美丽、多才，而且是那个时代少有的自由人——自由恋爱主义者。

正因是人妻

额田女王生年不详，她先和大海人皇子相爱，生了一个女儿，后来中大兄皇子受封位皇太子，册她为妃，她并未拒绝。中大兄皇子是英明、果断、有魄力的皇子，她并不讨厌他，她很自然地离开谨慎而比较内向的大海人皇子，只是心中有些伤感吧。也因当时的日本男女，尤其是皇族之间的男女关系，尚无严格的伦理约束，中大兄皇子夺了胞弟情妇之后，还赋诗《三山之歌》（收在《万叶集·雅歌》一卷中），诗曰：“香具山爱上亩傍山，为此与耳梨山相争，自古如此。今世亦有争妻人。”假托两座男山争夺一座女山的神话故事，为自己解嘲。表面上“水性杨花”、内心里追求爱情的额田女王，成为皇太子的嫔妃之后，属于什么地位，后世无考。但她一直读书学诗，不但为自己写和歌，也替前后两代天皇（天智及天武）代笔。这些歌虽然都以天皇名义发表，但后世考证，两位天皇虽然也诗才很高，但自己作的，和额田代作的，仍然看得出其间高低之差，情感倾向之差，以及使用文字习惯之差。额田女王的歌奔放畅丽，似乎是别人所不能及的。试看她跟随天智天皇到“蒲生野”游猎时，与随行的大海人皇

现代日本画家安田靫彦（1884—1978）的《飞鸟之春与额田王》，作于1964年。

中大兄、大海人兄弟争夺额田女王的舞台——近江蒲生野的夕景。

子悄悄唱和的歌。这首歌的写作背景是有些曲折的：她原是大海人的情人，且和他生了女儿，后来带着女儿归于中大兄皇子，如今中大兄已即位为天智天皇，狩猎时带着她和大海人同行，当时还有许多人就在午阳照射下长满紫色花草的原野上，大海人遥遥望见过去的情人额田女王站在紫色花海中，于是他忘了平日的谨慎，大胆地向她招手。额田看见了，做了一首和歌，命从人带过去交给大海人。歌曰："日正午，紫野行，标野上，君挥手，不顾守吏见。"（按："标野"为皇族私有猎场。）

大海人得歌，也唱和一首回赠，歌曰："香溢紫草地，吾姝殊可恨，正因是人妻，吾心恋不已。”

“正因是人妻”，所以愈加思念，这话是把心中的秘密、心思的机微都说出来了，大胆、深刻、深沉，是千古绝唱。至于额田那句“不顾守吏见”，好像是责怪，好像是娇嗔，好像是表示欣赏他冒了被人发觉的危险向她挥手。轻轻一句，道尽才女的心思。

额田女王是少数在古代的日本社会里，能比较自由地、开朗地谈恋爱，而且和许多男子谈恋爱的女人。她有洗练的感情，能从容地爱、大方地爱，不像当时大多数女子那样，恋爱时一味以诗诉说悲情或怨叹男人的薄幸。

《万叶集》中的唱和

就日本第一部和歌集《万叶集》中，收录的约三十首额田女王所作长歌及短歌的内容观察之，额田女王一生中几乎都在恋爱。她与大海人生了女儿后，又成为中大兄之妃子，与中大兄一起生活了十几年，曾有歌颂《我的大王》的长歌，但似乎没有写给丈夫的情歌：唯一的一首被收录在“相闻歌”类（问候的歌）是：“候君不见君，窗帘偶然动，原是秋风吹。”评者认为这首歌太冷清，感觉不到热情。但她其他的歌却大胆而爽朗，在吉野宫时曾有弓削皇子者赠歌与她：“莫非鸟亦慕古人，弓弦叶上鸣不已。”额田唱和曰：“慕古鸟是杜鹃鸟，长鸣当是长相思。”此歌中“慕古人”据注解，是恋慕已作古的天武天皇。意思就是皇子问额田：“天武帝已作古了你还唏嘘不已，是尚想念他吗？”而额田回答：“我如杜鹃鸟一样仍然为古人泣血。”

但弓削皇子仍然又赠歌给额田，这歌是写在纸上，将信纸绑在松枝上送过去的，额田于是又写“返歌”：“吉野松枝诚可爱，携带君书行远路。”她既承认想念天武，又说松枝可爱，中间毫无腼腆之色，落落大方，好像是十分自然的样子。除了当时的男女风俗，本不忌讳之外，也因额田的性格爽朗大方。从这个年代往下走三百年，到了平安期，众才女竞写小说、诗歌时，如《源氏物语》及各种和歌集中就出现相当程度，将恋爱想成罪恶，及慨叹人世无常的思想，这当然也和佛教传入日本有关。

镜王女——“那堪风不来”

额田女王有一个同母姐，也早些时候已嫁了中大兄皇子，这位姐（或说是异母妹）自嫁皇子以后，一直到皇子即位为天智天皇，都似乎未得宠，这可以从她和胞妹间的唱和看出来。额田曾有歌：“候君不见君，窗帘偶然动，原是秋风吹。”这位姐姐（名镜瑜）附和一首曰：“风吹原徒然，那堪风不来，有何可叹息。”意思是：“你还因风吹帘动而以为他来了，有人可等真好啊。我这里风吹不吹都一样，反正没有什么可叹息的了。”一说认为这种借“风”说心思，事实上是模仿中国宋

高松冢古坟中发现的女子壁画，图中的仕女手拿如意、团扇等物品。

玉的《悲秋赋》。在某种程度上虽然说得万般哀怨，但当时的宫廷中女人爱用这种诗歌对话，说得认真，其实也是一种诗歌游戏，也算一种“风凉话”吧。

尽管镜王女说得凄切，天智天皇在几年后，还是将她赐给宠臣藤原镰足。镰足原名中臣镰足，后因协助天智天皇诛杀苏我入鹿，完成大化革新，成为股肱之臣、封内大臣。天智为了酬赏其功劳，也为了让他以后仍感恩图报，将自己的妃子镜王女“赐嫁”给他。还有一说，赐嫁是等于送了一个“人质”，表示以后绝不会辜负其忠勤；也可能是送进一个耳目，监视其动静。日本历史上曾有一段长时期里，上司、皇帝、大将军等人，能将自己的妻妾“赐”给下属，下属也受之而认为无比的光耀。但也有很懂事的下属，受了之后将那女人安置在别院别室，不敢亲近她，以示对曾经是上司妻妾的女人的尊敬；上司得知此事之后，也颇为嘉许那下属。这是人类历史上很令人思量的风俗。

据记载，天智天皇还另外赐给镰足一个“采女”安见儿。所谓“采女”是各郡献给皇帝的美女，贡献的意义是向皇帝宣誓效忠，因此必须是绝世美女，献上来才表示其效忠之诚。天智将一采女赐给镰足，其意义也是非同小可的。

藤原家族，自藤原镰足（六一四～六六九）建了大功，接受了帝妃为妻，之后，官运亨通，长子随遣唐使赴唐留学成为博学之僧（后于二十三岁意外死亡）。次子不比等则从中纳言做到大纳言，且受封为“大宝律令”之编修副总裁，与总裁刑部皇子平起平坐。孙女宫子嫁文武天皇为夫人，生“首皇子”。从此藤原家成为天皇的外戚，一直到平安朝，维持了近四百多年的权势。这中间有一个女人扮演关键性的角色，就是藤原不比等的继室“县犬养三千代”（前三字为姓，后三字为名）。

但不比等到底是何等人？日本的史书《四镜》中的《大镜》里有一个故事；说中大兄皇子曾将已怀妊的妃子送给镰足，约定妃子生女归皇子，生男归镰足。后来生男，就是不比等。此事真伪难辨，但看不比等后来的荣达，似乎若是皇胤也说得过去。另一说认为是不比等的哥哥，留学唐土的定思（俗名真人）才是皇胤。否则当时镰足尚只有一子，怎会舍得才十一岁的独子，就让他到国外去学习佛教为僧，这中间必有苦衷，这是千古疑案。但因藤原氏在日本史上执百僚之牛耳数百年，有这些传说也是可以理解的。

光明皇后之母——橘三千代

橘三千代的全名是“县犬养橘宿祢三千代”，这么长的名字，通常代表一连串尊贵的家世。首先，“县”是官田的意思，姓名前顶着这个字，表示这家族是领受官田的贵族；“犬养”是娘家姓；“橘”是天皇所赐的姓；“宿祢”是“近臣”的意思；“橘宿祢”三个字是天皇用来称呼她的；“三千代”是父母命名的名字。

三千代是县犬养东人之女，大约出生于齐明四年或五年（六五三～七三三）。她若年入宫为女官，历仕天武、持统、文武、元明、元正、圣武六朝天皇，出入宫廷，襄理内外诸事，深得人心，亦为天皇所信任。因此元明女帝赐她姓橘，且送嘉言：“橘者植物之长，枝叶凌霜，光竞珠玉，旁金银而愈美，以此赐姓橘宿祢……”云。

三千代原来嫁了皇族（敏达天皇之曾孙）美弩王，生了两子一女。两子为葛城王、佐为王，女为牟漏女王。但三千代结婚生子后仍担任女官，先是担任草壁皇子的儿子“轻皇子”的奶妈，后来草壁皇子死后，持统天皇坚持要等待轻皇子长成后继位，仍命三千代照顾轻皇子。就在担当这重任的时候，三千代与当时最有权力的藤原不比等，认识而接近。这对分别掌握后宫及宫廷权力的男女，很自然地进入合作关系，终于结为夫妇。三千代的丈夫美砮王，眼看妻子要离去，自知无能为力，很知趣地离了婚。

藤、橘两大姓之形成

藤原不比等，是藤原氏第一代中臣镰足之子。镰足因协助天智天皇诛杀权臣苏我入鹿，完成了大化革新而赐姓藤原，封右大臣。不比等继承父职，但他不只是靠先人余荫做官的人。他个性持重，虽居要职而声气谦和，故他与三千代结婚的事件，就过程言，是夺别人之妻，但两人之志同道合显得那么自然，宫里外的女官、执事，亦都乐见他们成为夫妇。这样的气氛在日本史上是独一无二的事，可见两人做人做事之圆融了。后来她和美砮王所生的两个儿子长大后，也表示不愿跟着父亲做无权力的皇族，宁愿继承母姓“橘”，追求实际的生涯，是为橘诸兄及橘佐为。另一方面，三千代与不比等于大宝元年（七〇一）诞生女儿“安宿媛”，是为后来的“光明皇后”。日本中世以前的“四大姓”：平、源、藤、橘中的二姓就在这时期形成。

西元六九七年，三千代做保姆带大的轻皇子即位为文武天皇。不比等将自己与另一妻子所生的女儿宫子，送进宫为“夫人”。当时的后宫，规定皇后一人、妃二人、夫人三人、嫔四人。妃由皇女选出，夫人由贵族选出，嫔选自地方豪族之女。不比等之女只能做夫人，但文武天皇为尊重不比等之功勋，终生未曾立后，可见不比等当时权势之盛了。宫子入宫后于大宝元年生了皇子“首”。同年，三千代

藤原镰足坐像，底下二小像右为其长子、多武峰的开山祖师定惠和尚，左为继承了其政治地位的次子藤原不比等。

诞生了安宿媛，她以养育轻皇子的经验，将安宿媛调教成读书识字，能文能诗，风度优雅，气质华贵的淑女。其实此时三十多岁的三千代本人就是品味高雅，待人谦和，在后妃公主之间能谈笑风生，得人好感，是极洗练的女官。她和丈夫不比等的配合真是天衣无缝，一里一外，一步一步地巩固藤原及橘氏家族的声望与地位。

太子的奶妈

皇子首七岁时，文武天皇以青壮之年驾崩。于是文武天皇之母阿闭皇女在不比等的支持下，践位为元明天皇。元明天皇基于辈分的理由，又传位于冰高皇女，是为元正天皇，但传位前即将首皇子立为太子。冰高皇女史称“沉静婉娈”，做了两年，很识相地传位给首皇子，是为圣武天皇。至此，三千代将安宿媛嫁入宫中为夫人，此时距离册立皇后还有一些障碍。

养老四年（七二〇），藤原不比等先元明天皇去世，享年六十二岁。翌年五月，元明天皇病重，三千代依照未亡人出家为尼的习俗落发念佛，但她成为藤原及橘氏两大家族辈分最高的人，实质上也必须担负两大家族继续掌权的任务。

神龟元年(七二四),皇太子即位为帝,此时高市皇子之子“长屋王”升任为左大臣。此人学识丰富，能诗能文，又是皇族后裔，隐然是对抗藤原一族的势力。此时新皇即位，竟下诏要称藤原夫人（父皇文武天皇之夫人）为“大夫人”。长屋王首倡异议：“皇后丧夫为皇太后，夫人丧夫为皇太夫人，未闻有大夫人这等称呼。”圣武天皇不敢坚持称生母为“大夫人”，只好改为“大御祖”，三千代立即感觉到藤原家族受到威胁。

但不久光明子生了皇子，藤原一族以为胜券在握了；不期皇子满月就死去，而宫中有别的夫人生了皇子；号称“藤原四卿”

法隆寺所藏县犬养橘三千代生前使用的念持佛。

的光明子的兄弟们大感紧张。长屋王于神龟六年二月突然因“使用怪力乱神企图妨害朝廷”之罪名，在自宅受到讯问，十二天后自尽而亡，其夫人吉备内亲王（公主）及儿子四人，亦在六个月后缢死。

三千代一生思虑深远，性格沉着，与不比等是理想的一对。两人都为了一门的繁荣而鞠躬尽瘁。除去长屋王的事件是三千代出手最重，也令人不服的一件，这是为了实现她终生最大的愿望——让光明子当上皇后而下的重手。果然，长屋王死后，女儿顺利从“夫人”晋位“皇后”，号“光明皇后”。在日本的历史上非皇族之女一向不能当皇后，为了正当化这件事，她让人在历史上找到了唯一例外，就是大和时代（四三八）即位

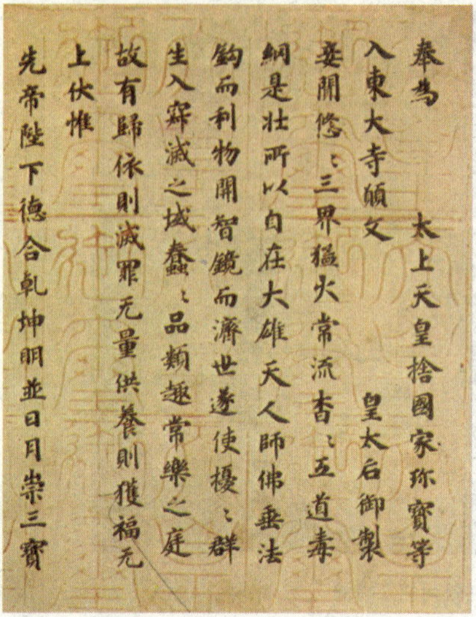

奉為　太上天皇捨國家珎寶等
入東大寺願文　皇太后御製
妾聞悠々三界猛火常流杳々五道毒
網是壯所以自在大雄天人師佛垂法
鈎而利物開智鏡而濟世遂使擾々群
生入寂滅之域蠢々品類趣常樂之庭
故有歸依則滅罪无量供養則獲福无
上伏惟
先帝陛下德合乾坤明並日月崇三寶

正仓院所藏藤原光明子将宝物向奈良东大寺献上的献物帐

的仁德天皇，曾立豪族之女“磐之媛”为皇后的故事。据此圣武天皇乃可下诏立后，并附加此事“早有先例”，并非“朕的创始”。

光明子立后之后称为“光明皇后”，她容貌端庄，表情光华，性情贤淑，在历史上成为代表“奈良时代”的灿烂花朵。三千代将藤原家大部分的财产、封户、土地让给光明子继承，并在皇后宫中设“施药院”，以博善名。圣武天皇下诏将不比等之墓列为皇族“六陵”之一，三千代至是，以女人之身而“位极人臣”，备受尊崇。

流芳百世

日本自有“朝廷”以来，朝廷或宫廷的所在地，每每都是随历代天皇的意见而到处迁移的。其所以能如此，乃因朝廷人少事少，容易搬迁。但自大化革新以来，朝廷事务政令倍增，迁都变成不大实际的事情。元明天皇（七〇八）之世，所居藤

平城京宫殿考古发掘遗址，中间种松树处为太极殿所在。

原宫已不够应用，藤原不比等乃奉诏决意迁都奈良。这时代的人对宫城及都城的轮廓，已有从唐朝带回来的洛阳及长安城的概念，于是不比等计划学洛阳那样道路直角交叉如围棋盘的都城。为此征用民力，经营数年，也曾使人民奔走于途，常常过劳而死。但不比等志在成一世事业，强征各种税赋，大兴土木，完成了奈良都城。

奈良都是日本首次较长期使用的都城，自西元七一〇年至七八四年，计七代天皇共七十四年，以此地为首都，史称“奈良时代”。而奈良时代是唐代文化大量流入日本，佛教、佛寺、佛经翻译等文化兴盛的年代，后世称这年代为升平的年代。直至今日，号称“平城京”的奈良古都，仍与“千年的古都”京都相提并论，为日本人抒发思古幽情之地，亦为日本最大的观光地。

在这个奈良时代里圣武天皇之治世，是最为后人回忆的一代，而这个回忆中美丽的光明皇后是日本人最爱谈论的话题。她从全国征用各地草药，亲自指导制成药品，救济人民，成为千古佳话。其亲自撰写的《乐毅论》为日本人评论中国历史人物之滥觞，文字矫健，令千古须眉自愧弗如。少有人知道当年三千代让女儿学习汉文，就是处心积虑要培养一个皇后！

今日法隆寺中保存的橘夫人的白玉小佛像，及京都正仓院中的三千代及光明皇后的遗物，据历史学家的见解，都看得出这对母女生前就存心要留芳百世的。

《万叶集》的女诗人

日本文学史上第一部和歌集《万叶集》，大约成书于日本天平宝宇三年（七五九）。所收录的长短和歌作品，上自第十六代仁德天皇（四三八），下迄第四十七代淳仁天皇（七六〇），前后跨三百余年；所收长歌二百六十二首、短歌四千一百七十三首、旋头歌六十一首，计四千四百九十六首。作者中男诗人五百六十一人、女诗人七十人，其中最重要的男性作者有山边赤人、柿本人麻吕、大伴家持、山上忆良；女性作者有大伴坂上郎女、石川郎女、额田女王及誉谢女王等。女作者的作品数在全书中不到一成，其中大伴坂上郎女的作品占八十四首，接近“歌圣”柿本人麻吕的作品数。

《万叶集》的编者为谁，历年经文学史家考据，意见纷多、难以定案，但多数学者赞成是大伴家持所编。但就其内容言，不但年代久远，且所收歌存在的地域，北自陆奥（东北），南

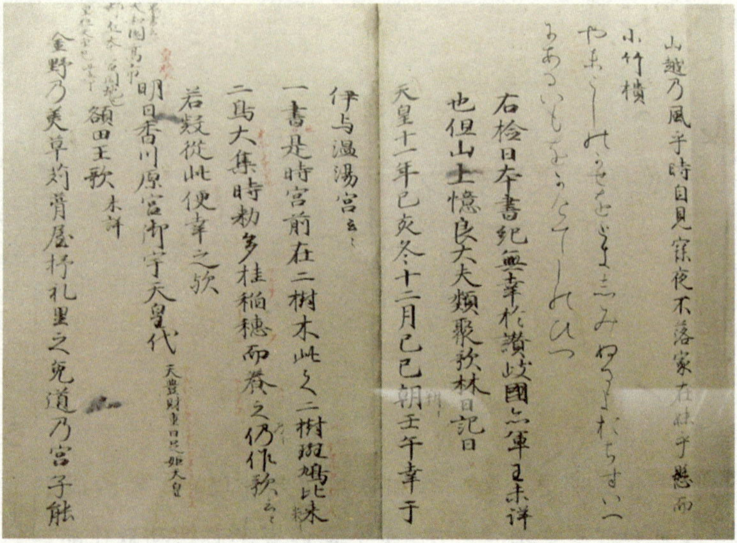
山越乃風乎時自見寐夜不落家在妹乎懸而
小竹横
右檢日本書紀無幸於讃岐國亦軍王未詳
也但山上憶良大夫類聚歌林曰記
天皇十一年己亥冬十二月己巳朔壬午幸于
伊与温湯宮云々
一書是時宮前在二樹木此之二樹斑鳩比米
二鳥大集時勅多挂稲穂而養之仍作歌云々
若疑從此便幸之歟
明日香川原宮御宇天皇代
額田王歌 未詳
金野乃美草苅葺屋杼礼里之兎道乃宮子能

后鸟羽天皇元历年间（一一八四～一一八五）的《万叶集》校本

达筑紫（九州）；所收歌的作者涵盖天皇、皇族、高官、吏役、诗人、文人、士兵、僧侣、闺女、老妇、娼妓。由此看来，非一人一代可以搜集完备。

《万叶集》虽说只是一部和歌集，但其中所蕴藏的日本的历史、文学史、文字语言史、风俗、道德、宗教、生活，及妇女生活意识的变迁资料非常丰富。尤其日本的文学及文字，当年与中国的汉文及汉字间，极为复杂的关联及变化过程，有许多消息可从《万叶集》中的各类诗歌观察到其细节。是以《万叶集》对日本人和日本学者的重要性，远远超过《诗经》、《楚辞》对中国人及中国学者的重要性。

在《万叶集》成书之后，日本文学在“奈良时代”及“平安王朝时代”，都曾经缔造文学及和歌的盛世。但在这时代里的男女诗人，作歌赏诗之际，心中总还是意识到《万叶集》的歌。他们望月兴叹，恋情绵绵时总是会想到，从前《万叶集》上的人是如何咏叹同样的情景？自己如此作歌，与前人的歌有什么不同？高明些、还是技巧些，或是太技巧而情感不够朴质真诚等等。

直到近代，名家如若山牧水、石川啄木、与谢野晶子等，作诗咏歌之际，心头上仍常有《万叶集》的影子。《万叶集》对他们而言，是可学习的古典，有时，也是难以超越的负担。

《万叶集》里的歌就内容言，可分为杂歌、挽歌、相闻歌、譬喻歌、四季杂歌、四季相闻歌等六种；四季相闻是触景生情的恋歌，譬喻歌是托风月花鸟表达情感的歌。当然四千多首的歌，不尽是感人肺腑、语言隽秀的歌，有些是祭典、祈神聊备一格的，只对考据、宗教方面有关的人发生意义。相对于平安王朝的女房们，一方面恋爱，另一方面以歌慨叹恋情之苦及男女之罪孽。大伴坂上郎女之情歌，开朗而不做作，显示出那一时代女人的意识形态与后世不同。

坂上郎女

坂上郎女出生于万叶后期，是名门大伴家的闺秀。其父是官拜“大纳言”兼“大将军”的大伴安麻吕。母亲是“内命妇”石川郎女。异母兄大伴旅人、田主、宿奈麻吕皆是一时俊彦，当世诗人。她十七岁时奉召为第五皇子“穗积皇子”之妃，但几年后皇子病逝。皇子原来比她年纪大一倍，疼她如女儿，病逝后，她一时不能适应年龄相近的男子的追求。每夜作歌“杜鹃声，鸣声何悲切，害我不眠心凄楚”之类自我排遣。

但不久，当时权势无比的藤原不比等的四男常常来看她，四男性格明朗，爱喝酒好音乐，郎女也慢慢习惯。但大伴家是旧门阀，而藤原家是新兴势力，两方的政争影响了无辜的男女关系。四男渐渐疏远，郎女无奈，作歌：“愿杜鹃，往告君郎，如斯思念。”“佐保川小石砾，可有黑马渡过来，一年能几次。”绝望于四男之后，她在异母兄的关切里找到寄托。当年，异母兄妹是可以结婚的，她和异母兄宿奈麻吕之间生了两个女儿，大娘和二娘。

天平初年（七二九），在九州任地的胞兄大伴旅人丧妻。她于是到九州大宰府担任大伴家的总管家，祭祀家族的祖神，并担任听神意的巫女，且抚养胞兄的长男大伴家持。这时候她已是三十出头的人，在天气暖和的九州谈恋爱，作歌：“黑发已掺白发，迄未逢，那久久远远情。”这种心情，已能超越恋爱，把爱情当笑话了。翌年胞兄病故，她迁居佐保邸，担当家事，代理母职，一方面其见识及才华已能在贵族社会出入应酬，交往吟歌，还曾作歌献上圣武天皇。

“思念又思念，终相逢，只是月光太亮请稍等。”这首歌据称也是戏谑之作，但情感何其动人！她不但为自己作歌，还为女儿作歌。她将大娘嫁给自己抚养的侄儿家持时作歌：“玉已成器授玉主，从此我抱枕相依眠。”一丝寂寞感透露母亲嫁女的心情。

正仓院所藏五弦琵琶。

郎女的作品中有无病呻吟的歌，她是教养很高的人，通晓和歌的真谛，写出来的歌如：

“春露如烟升，令人无奈何，此景不宜谈恋情。

“杯酒浮梅花，喝过后，听它随意散。”

其境界已至矣极矣。

女人与老翁之歌

《万叶集》中还有几十个女诗人，留下她们肝肠寸断的哀歌，如阿闭皇女行山路时想念其亡夫草壁皇子的歌。

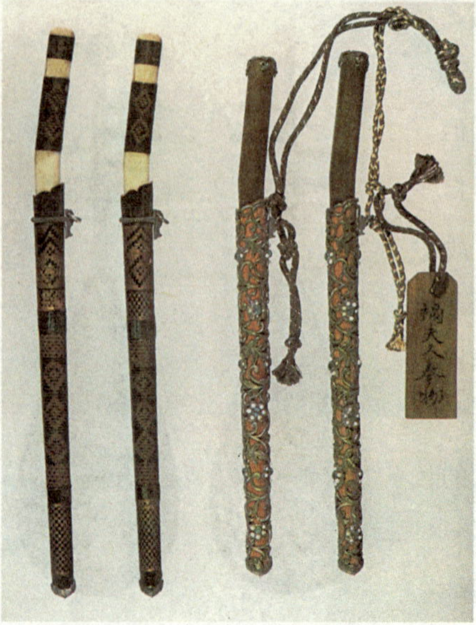

正仓院所藏圣武天皇夫人橘那古可智奉纳的小刀，刀柄上装饰着绿琉璃和珍珠。

“此地大和纪伊路，风闻背山就在此。”日本古语称女人的兄弟及丈夫为“背之君”，故因背山而联想亡夫。

“秋山有木，树下有水，我心如水，静静想念。”这是镜王女想念天皇的歌。

“托马野里长紫草，取来染我衣，衣未上身色已显。”这是笠女郎送给大伴家持的歌。属“譬喻歌”，喻自己的心提早为人所知。

“君家通我家，我家在住坂，我命一日在，永不忘此路。”这是大诗人柿本人麻吕的妻子写给丈夫的歌。当时的贵族风俗，夫妻不同住，妻住娘家，丈夫常常走路去访妻，这条路成为连接两人感情的象征。

“崇山阻隔不能往，门前望月，遥想妻子或在门外等。”“明知路远君不来，仍然枯等到心焦。”这两首是藤原郎女与丈夫大伴家持相隔一座山互相应酬的歌。在《万叶集》夫妻相思的歌甚多，见出当时夫妻不同居的风俗。

《万叶集》中的杂歌，取材广泛，举凡山水草木鸟兽动物、河水泛滥、奇岩形态皆可入歌。有些歌，前面有故事，故事之后叹咏人事，亦多借用中国故事及辞汇，如《代匠记》中借曹植之文为“天路高邈，良无良缘”，忆良之《半路》抄自梁简文帝之《夜望单雁飞》“早知半路应相失，不如从来独飞”等等，不胜枚举。

杂歌中有故事：有老翁趁月色登山丘，见有九女神煮羹，女神见翁招之：“来为我扇火。”翁唯唯而上，就座，却有一女神责问是谁叫这老翁来此！老翁惧，作歌曰：“我为婴儿时，束发穿绵衣。少年出春游，飞鸟亦相伴。回到父母乡，宫女争相看。红颜若早死，不许见白头，万一活到老，岂不生白发？”这歌是反驳女神尔等戏弄：我是老人，焉知你们到了白发时，不也有年轻人笑话你们？女神们闻言，敛容谢过。

孝谦女帝与禅师之恋

奈良时代的政治家藤原不比等（六五九～七二〇），是继生父藤原镰足（六一四～六六九）奠定了藤原家族（后来分出四族“北家”、“南家”、“京家”及“式家”，只不比等直系仍姓“藤原”）三百多年权势地位的能臣。他谙熟宫廷政治，一方面认真辅佐皇帝，另一方面也透过姻亲关系控制朝廷，历仕持统、元明、元正三女帝，而名望达于极点，其四个儿子也都奉召入为参议等职，参与庙议。

不比等看上在宫中有相当权力的女官“县犬养三千代”，三千代亦对他有意，离婚后改嫁于他，两人生了一女名光明子。不比等将这个女儿嫁给了当时的皇帝圣武天皇，由于圣武天皇是不比等的外孙，事实上光明子是圣武天皇的姑母，但不比等专断地让两人成为夫妇，亦曾引起了朝内许多反对。其原因除了反对近亲且辈分不同的婚姻外，也因光明子是非皇族而成为

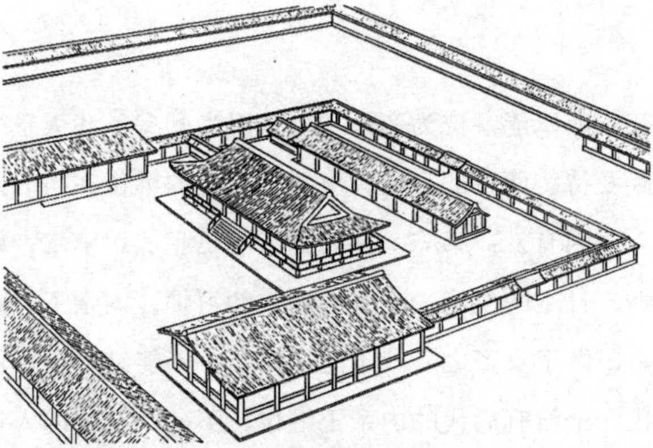

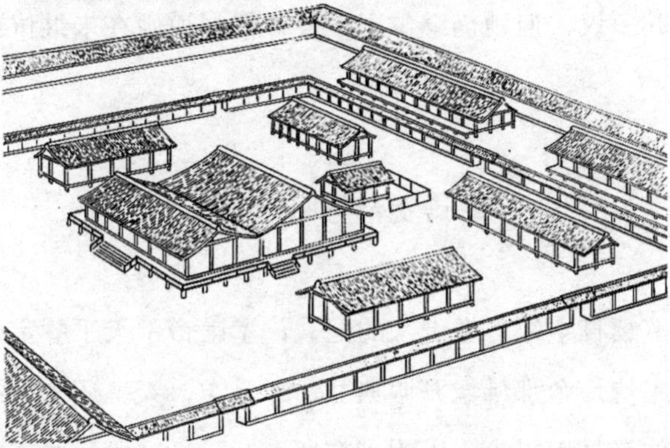

上为圣武天皇时代的大内复原图，下为淳仁、孝谦时代的大内复原图。

皇后的第一人。日本史上常常天皇死后皇后继位为天皇，乃因皇后本人也是皇族，可能是天皇的堂妹或异母妹。如今娶非皇族为皇后，将来若天皇去世而皇子尚小，皇后又是非皇族出身，帝位继承会发生问题。但不比等使用软硬兼施的方法，终究还是把光明子推上皇后的宝座。

这位光明子皇后与圣武天皇后来生了一个女儿阿倍内亲王（按：皇子称亲王，皇女称内亲王），就是后来的孝谦女帝。

阿部内亲王所以能继位为帝，主要是因为其父圣武天皇一心想维持天武及持统两帝的皇统。事实上，她的继位在当时是相当勉强的，原因有二：第一，她的母亲不是皇族；第二，她一直没有结婚。日本的皇族一直有不成文的习惯，内亲王若在继位前未结婚，做了女帝之后就不能结婚了。不能结婚就不能生育后代，让一个没有后代的内亲王继位，下一个继位的人选一定又会引起争议，但她仍继位了，各种传闻说她在未继位前就有情人。

孝谦女帝与禅师之恋

据《续日本纪》卷十八的记载，孝谦帝于天平胜宝四年四月九日主持卢舍那佛像开眼典礼，“是夕，天皇还御大纳言藤原朝臣仲麻吕田村第，以为御在所……”（这段话原文就是日式汉文，照抄）意思是当天晚上就住在朝臣仲麻吕之家。女皇帝在臣下之宅第过夜，是一件非常奇怪的事情。而且既说“还”，当是前日就已住在那里，典礼后又“还”回那里的意思吧？对这件事，史学家另有解释：认为女帝如果与这位大她十二岁的表兄曾有暧昧情事，当然会故意避嫌，不会公开出入其第宅。就仲麻吕而言，他是谨慎而渴望升官的人，何至于蹈不测之地去和内亲王私会？若和她真有一些私人情谊，以仲麻吕的性格而言，应当只是利用这份情谊来升官抓权，而不是进一步去私

孝谦女帝的高野陵

通恋爱。综合各种考据与推断，这段暧昧传说，大概只是谣言吧。但孝谦帝弱年为皇太子，三十二岁即帝位，三十九岁丧父皇，四十三岁丧母后，这时候其心情若何？还有一段故事。

“妖僧”道镜

所谓“妖僧”是后世对僧人道镜中伤的称呼。道镜虽身为僧侣却野心很大，得权后傲慢自大，但是否为女帝入幕之宾，史籍纪录上并无证据。圣武天皇临终时，遗命以道祖王为皇太子，但这位好色的皇族子弟竟在服丧中与女宫人私通，孝谦帝怒而将他废掉，并另立大炊王为皇太子。可见女帝是对男女关系相当洁癖的人。后来女帝干脆将帝位让给皇太子，但奇怪的是《续日本纪》一直仍称她为“天皇”，似乎与继位的淳仁天皇并立。

孝谦女帝和道镜相遇的保良宫遗址

事实上，她也事事牵制淳仁，并不让新帝自作主张。而且在几年后，因淳仁天皇向她转告藤原仲麻吕的话：请她不可太接近僧人道镜。她闻言大怒，将淳仁废掉，并自己复祚，称“称德天皇”。

孝谦帝与道镜接近，是天平宝字五年（七六一）十月，到近江观俗时生病，道镜以“药僧”的身份第一次“侍汤药”。道镜学的是“宿曜秘法”，是一种观察星宿，以念经、念咒治病的方法。道镜身材魁梧，诵经的声音庄重有力，音韵铿锵，对于当时刚失去母后，自觉无依的女帝而言，可能发生一些心理扶持作用。念咒是否能治病，不得而知，但在那个年代，应该有些心理抚慰作用吧。于是道镜在侧，女帝就觉得身体好些，道镜离开，女帝就又病了。这时候藤原仲麻吕开始失宠，问题变得复杂；于是仲麻吕透过淳仁天皇劝诫女帝，女帝认为淳仁“说了不可说的话”，把他罢黜。

当时为了营造大佛寺，金银用尽，民力枯竭，生民涂炭。但重祚为称德帝的女帝将淳仁流放到“淡路岛”；并以造反的嫌疑，剥夺仲麻吕所有官职，最后追捕之，斩杀其一族。对苦难中的人民毫无怜恤之意，这位在皇宫中长大的女帝本来就不识民瘼，只是在重祚之前做了个样子，声称出家为尼。但日本自开国以来，出家人不论男女，继续掌权，参与政治是很普通的事情。出家反而让她有借口升道镜为“少僧都”，不久又升他为“大臣禅师”，“大臣禅师”是从未有过的官名。女帝自称：“朕虽出家，但政事不能不理；道镜导我、护我，出家之天皇用一个出家之大臣也很好，故特设大臣禅师之官名……”当年改元“天平神护”，并带着道镜出发前往河内、和泉两地去巡行，回途还特别到道镜的故乡“弓削庄”停留了一下，并以二百石的封禄授与弓削寺。此时道镜已荣任“太政大臣禅师”，位极人臣；法师做了大臣，自然也无从施展，其“德政”仅止于禁止鱼肉腥物进入宫中。其胞弟弓削净人及全部家族约十人皆获授官，也算一门荣耀了。相形之下，荣显几代的藤原家族只有房前之次男担任右大臣，人人切齿忍耐，却凝视着新贵道镜，等待反扑的机会。

几乎让位

女帝迟迟不立太子，表面上说正等合乎天意的人出现，事实上私心想让道镜继位为皇帝。由于太子未定，贵族之间绕着继位问题角力的事件层出不穷。

道镜警觉到欲成大事必须先握军权，乃奏请女帝，封其

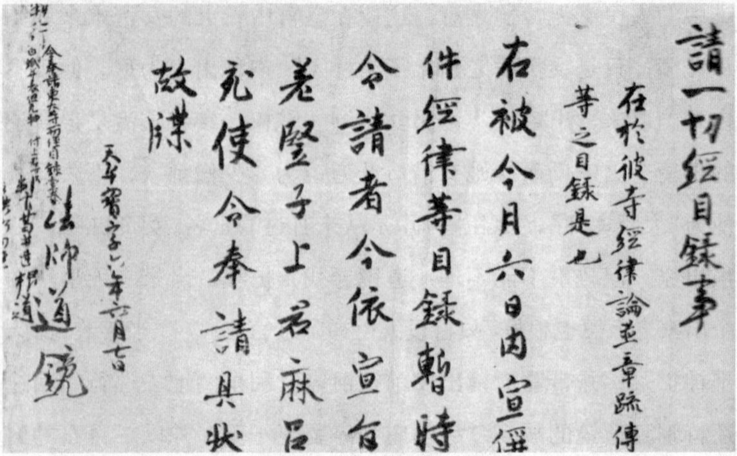

請一切經目録事
在於彼寺經律論並章疏傳等之目録是也
右被今月六日内宣偁件經律等目録暫時令請者今依宣旨差堅子上君麻呂充使令奉請具狀故牒
法師道鏡

道镜手迹《请一切经目录》，正仓院藏。

弟净人等为武官，但藤原百川在此时巧妙地运作，成为副将军，把不知军政的弓削将军架空，掌握了实权。天平神护二年（七六六），有人在“偶寺”找到了佛舍利子，女帝认为此乃道镜盛德使然，封他为“法王”。翌年六月十六日，皇宫东南方出现七色瑞云，式部官引经据典认为瑞云学名叫“景云”，于是改元“神护景云”。但不久道镜两个心腹圆兴及基真吵架，基真被判无理流放“飞驒”地方，基真愤而说出先前的舍利子实是自己设计的骗局。这虽是一次挫折，但不久“宇佐八幡宫”的神官上书奏启“神托”，显示“以道镜为帝，天下当太平”云。

女帝大喜，便派使臣和气清麻吕前往神宫再请神托，清麻吕出发前，道镜召见密语，嘱以“此系皇位大事，好好安排，今后当封高官”。但清麻吕性格清廉，又一向与藤原一族友善，回来后奏请：“我国自开国以来君臣定位，非皇统族里人不可继位，应速驱离……”

仍有阿谀之人，献诗曰：“吾辈草民，生也逢时，值此圣代，天地荣昌。”（此诗后来成为日本歌颂盛世的代表作。）

半年后女帝驾崩，藤原一族拥立“白璧王”为光仁天皇；道镜被放逐“下野”地方，死于当地，结束了女帝爱恋僧人的一段历史。有史家主张：以当时的女帝精神状态而言，或曾爱恋僧人，但身份高贵的人恋爱是可以没有性关系的。

美女的代名词——小野小町

据较为可靠的记载，小野小町生殁年不详，其作歌最多的年代约在西元八五〇年前后，曾在日本仁明、文德两帝在位时担任后宫女官。其所作和歌，文字平易，意态深沉，作品在《古今和歌集》中收录十八首，为当时六歌仙之一，也是六歌仙中唯一的女诗人；另在《后撰集》及《新古今和歌集》中也收录了数十首作品。她，是日本和歌创作进入全盛期（平安文学）的初期诗人，也是日本文学史上第一个以诗名闻于世的和歌作者。但在她生存的年代没有任何记载，说她是“美女”；后世各种传说及故事、戏剧中却将她说成绝世美女，使“小町”这名字成为美女的代名词。是幸，或不幸，迄今众说不一；学者认为，以她的诗才而言，美与不美已经不重要了，我们宁愿持这样的看法。

诗姬小町

小町有几首和歌不但是经典之作，而且脍炙人口，迄今稍通文学者皆能朗朗上口。

如："花之色，将褪去，年华逝，亦如斯，就在眺望间。"此诗以花之凋，喻年华之老去，"就在眺望间"一语惊心动魄，比林黛玉的葬花诗犀利、深刻。

又如："心中想着，睡里看见，知是做梦，不该醒来。"惋惜梦中之境，如"庄周梦蝶"，其情深处，有过之，因为它是深刻的情诗。另一首意思相近的歌曰："自从梦中见到伊，从此常常盼做梦。"还有"相思难排遣，夜衣反里穿"，这是当时的宫中女子相信，将夜衣（睡衣）反穿，就可使情人梦见自己。

京都慈照寺藏《小町九想之图》，"九想图"也称"九相图"，是一种观看人体生死腐坏，来体会无常观的宗教绘图。

也有劝男人别来访的歌，歌曰："海湾不长海松布，渔人何事频移驾，吾本不识人，不敢见君子。"这里所说的"海松布"是海藻的一类，"无海松布"与"无识人之明"在日本话里同音，故写成骈骊句。此歌见于《古今和歌集》第六二三条。据《古今和歌集》的注解，这首小町逃避追求者的歌，成为后世把她说成绝色美女的根据。

小町的诗才很高，后世可从其留下的几十首和歌，见其一斑；但小町的容貌美不美，后世其实无从知道。因此小町去世后数十年，世上开始有小町的传说、故事、戏剧等等。这些，有的将她奉为天人，有的将她说成鬼婆。日本文学史上没有第二个诗人，死后激起了这么多涟漪，出现了这么多充满善意及恶意的故事、传说、小说及戏剧。我们先看看一个在那个年代典型的求爱故事。

百夜求爱的故事

据传说，有一位贵族青年深草少将（按：深草为名，少将是官位）从京都步行五公里路，来到山科郡小野里向小町求爱。小町听说有人来访，并不出来，只叫侍女出来见客，告诉对方若能从今夜起每天来此一趟，百日之后，当可相见。美女用以应付求爱的这种方法叫"百夜通"，在当时是有身份的女子用来抵挡轻狂少年的典型方法。表面上女子虽未出面会客，从门

藏于和泉市久保惣纪念美术馆的《伊势物语绘卷》所描写的平安朝贵族社会的恋爱现场，上图描写了一位苦苦思念情人的贵族女性，门外情人正蹑手蹑脚的前来幽会的情景。下图则是男方在拂晓后偷偷地从后门离去的。

德川时代（十七世纪）的狩野探幽《百人一首画贴》中的小野小町像。

缝里窥视来客通常是有的。轻狂少年通常不耐百夜之辛苦就会放弃，事情就会自然解决。

深草少将是用情很专的人，从那夜起，夜夜真的来回十里路，不论阴晴，不怕风雨，都来到小野里，并且随身携带一颗“榧子”（按：一种果实，味甘可食），放在小町家门口以征信。如此走了九十八趟，深草因连日疲劳竟病倒了。翌日是第九十九夜，眼看下起大风雨，深草自忖不可能亲自出门，乃将榧子交给仆人，叫他代行一天，明日是第一百夜，他无论如何，爬也要爬到目的地。仆人奉主命带榧子走到小町邸门口，放下榧子，正想回去，侍女却适时现身！

原来是夜，小町在屋子里见外面风雪很大，与侍女谈起：这位深草少将倒是一往深情，连走九十几天未曾懈怠；今夜风雪严寒，实不忍心让他冒风雪走回去，不妨请他进来，提早一天见面，以慰其九十九夜之劳。这提早见面之意却刚好撞破了仆人代行的“机关”，深草少将百口莫辩，小町也将九十九个榧子排在院里，放声大哭，而少将从此深为自愧，病重而亡，云。

凡是“传说”任何人都可以任意改造。上述故事，是少将有情，走了九十八夜，那第九十九夜是因为病倒情不得已；但后来有人将其改成男主角自始就无真情，一直雇人代行，事情揭穿后小町大怒，从此不再相信男人，成为任意玩弄男人的女人。从这样的故事乃诞生小町后来成为丑陋的“恶婆婆”戏文，一个女子本来美丽，后来变丑，在那年代被视为天的责罚。小町到底多美？后世无人见过，但“小町”一词在日本语中是美女的代名词，有如中国的“西施”；若有哪个卖豆腐的女子长得美，就称她为“豆腐西施”；在日本，拉面店里有美女，即称“拉面小町”。

和歌之德

小町是能文能诗的才女，这倒是事实。在日本人观念中，不但“诗言志”，和歌也是有“德”的，这种“德”有时能上感天道，也能感化恶人。

有一个故事：旱天持久，农作枯萎，天皇出来祈雨，或叫高僧祈雨，皆无灵验。于是有人建议天皇召唤小野小町出来作和歌以感动上天，小町随口吟：“我国既称日之本，理当久久日光照，其奈天下何。”（按：“天下”可读Ame–ga–sita与“雨之下”同音）。

诗人祈雨自小町创例之后，常常有人为之；也因旱灾实在可怕，民间普遍有希望祈雨出现奇迹的愿望，此类传说就更流传各地。

比小町稍后出名的女诗人和泉式部曾以一首恋歌“可得乎？此生别无望，但愿再相会”风靡歌坛，她大约看了小町的《祈雨歌》，也作了一首：“都说日之本，本当有日光，若终不下雨，难为天（雨）之下。”

《古今和歌集》的《假名序》曰：“大和之歌者，以人心为种，千万（很多）言词为叶，因有诸多语言，世人乃得将心中所思，所见所闻发之为言。诸如莺啼花间，蛙鸣水里，有生之属，谁不和歌？歌者不用力而动天地感鬼神，调和男女之情，慰抚猛士之心，斯歌，出自开天地之初也……”

这段话，足以代表自古以来日本人对和歌有德的观念。序中也说：“歌之体有六，唐诗亦如此（指“风赋比兴雅颂”），其一曰‘付歌’（将真意暗附在风花雪月中），如：‘难波津开花了，春来就开花。’（暗示时机已到，机会在眼前）二曰

‘数’、三曰‘比’、四曰‘例’、五曰‘事’、六曰‘颂’（其意与汉诗之“六义”相类似）。”也就是说，自这个时代开始，日本人已把“和歌”当作能迂回曲折，说出心情志向，微言大义的文字。而小野小町生逢和歌文学进入极盛期的年代，率先以和歌言志、寄情、写意、写恋情，开风气之先，可谓一代才女。但由于名气太盛，冷遇追求者的风闻不胫而走，遂至后世有许多传说，形容她老年时，容貌变丑，贫困无依，死得很凄惨等等。其中有一个故事也带出她贫病中的机智，传说小町从京都来上野，极度疲倦，全身生疮，乃向当地药师佛像祈求痊愈，但事过旬日不见灵验，乃以和歌诘问菩萨：“南无药师佛，诸愿皆不叶，吾身固当败，可惜损佛名。”是夜梦见药师佛显身，吟曰：“疮疾原是一时厄，脱却那袭衣，还汝清白身。”小町惊梦醒来，发现全身已无疮……

这故事最终还保住了清白身，但有些故事之诞生，其用心至为恶劣，就没这么仁慈了。

小町的寂寞身后事

小野小町，一位诗才盖世的女子，一生留下近百首的和歌，从其和歌的内容推测，也曾与皇族、贵族以情诗唱和谈过恋爱，即使未必真的生得艳丽绝伦，但终生沉醉于诗歌的人怎会去做太恶劣的事情？尽管如此，她身后却引出了一些无稽的传说，这些传说对小町个人误会甚多，但却丰富了故事、传说、戏曲、能乐、谣曲等文艺，说来是很奇怪的。

第一个传说，说小町生前为何对追求者都冷漠以待，甚至故意使他们绝望而死？因为她是“石女”，无法享受性的快乐，至死都是处女。这样恶意的传说，在日本语言中竟然发酵，在日语中那缝衣服的针，若做得不好，缺了那个通线的孔，就叫做“小町针”！也太低品味了。

据说平安中期，有弘法大师者著《玉造小町壮衰书》提到：“有龌龊老妇，原是富家女，因恃姿色而骄慢，父兄死后，没落无依，后遇一猎人，生一子，貌变丑，失夫宠，家屋毁坏，以稻草为衣，食野薇，回想昔日风光，常自垂泪……”

这本书一出，好事者竞相传闻，另有人根据此书，又繁衍出一段文字。《十训抄》中说她十七丧母，十九丧父，二十一兄殁，二十三失弟，自此形容枯槁，终至徘徊山林之间……

某一处相传的小野小町冢，小野小町的所谓坟冢在北到宫城县到西至山口县有好几处，难辨真伪。

然而考据家考证，这些叙述带有相当程度贬损才女的意识，因为小町不但有胞姐，还有孙女，这两人也曾做和歌，胞姐有四首歌分别收录在《古今和歌集》及《后撰和歌集》，孙女也有一首收在《后撰和歌集》中。

最令人不忍看的是，后世也留下了一些号称是“小町像”的木刻雕像及画像。在今日的京都市左京区静市市原町有“补陀洛寺”，俗称“小町寺”，寺中有小町像，眼窝深陷，双颊无肉而有皱纹，胸前肋骨暴露，手握木杖，形容枯槁，令人恻然。据寺中传说，小町在流浪各地之后于昌泰三年（九〇〇）死于此地，其辞世之歌曰："吾死后勿烧勿埋，曝于野，供那饥犬得一饱。"语意忿懑，用词凄厉，到了恐怖的程度。随心院里另有一木雕，坐姿，同样枯瘦丑恶，但表情较为温和，面部略似"能乐"中的老翁面具。

画像方面，有名的《小町老衰图》系根据《玉造小町壮衰书》之传说而画，画者为弘法大师，藏于"阳明文库"，此像长发及地，瘦身，皮肤黑，除一袭腰蓑以外几乎全裸，背着头陀袋，手持破笼，两眼特大，但双眼之视线没有聚焦，颧骨隆起，张开的口中露出牙齿，带着几分妖气，犹如地狱图中的"饿鬼"。想来，这个画像的人是存心要呈现一个令人惊怖的鬼婆吧，但这样的一幅画还未达到最可怖的境界。最可怖的，莫如《小野小町九相图》，此图现藏于爱知县江南市曼陀罗寺。

所谓"九相图"是人死后，其尸体在火化之前可能呈现的九个阶段的样相。这九相是：膨相、坏相、血涂相、脓烂相、青相、噉相（按：尸体为鸟兽啄裂之相）、散相、骨相、烧相。九相图常在寺院间流传，目的在让修行者凝视九相而感悟肉体的空虚。作家芥川龙之介所著《地狱变》中的故事主角画家良秀，曾为了绘制"地狱变"屏风，点火烧死独生女，凝视其女慢慢被火烧死的始末而得灵感。

在某派佛教思想中有所谓"污秽思想"；而女子，尤其是愈美的女子，被视为愈污秽。所以《九相图》以绝世美女小町为题材，最能解说"红粉白骨"的道理，让人体悟绝世美女终

东京国立博物馆藏《饿鬼草纸》，描绘了堕入饿鬼道的罪人们遭受饥饿之苦的情景。

成污秽的无常感而绝意美色。是耶？非耶？绝世才女死后被用来做成这种教材，是否为“大悲”之心所认同，当然也是可以怀疑的。

戏剧，也常以小町为素材。在日本，最有深度的戏剧，咸认为是“能剧”。在能剧的戏码中，到今日尚存在的小町戏码，有十出以上，较重要的有：《通小町》、《草子洗小町》、《卒都婆小町》、《关寺小町》、《清水小町》、《高安小町》等等。其中《关寺小町》虽然情节简单，却以表演艰难，唱词沉郁而成为名剧。剧情为：七夕之日有僧人带一稚儿到草庵来访老妇，请教和歌要义，老妇出口成章，谆谆善诲，僧人疑其为小町，一问果然；于是请她参加七夕庆典，小町舞动不灵活的四肢，边舞边诉说其身世之凄凉（此段为重头戏）；不久东方日出，小町不愿暴露老丑之姿，黯然走回草庵……

《卒都婆小町》是较复杂的戏：缘有百岁老妪坐在“卒都婆”上面休息（按：卒都婆是梵文的音译汉字，意指祖庙背后的木造高台），有僧人见之，责妪不可坐在台上，并向老妪讲解佛理，老妪却毫无愧意，作歌曰：“极乐之内不当坐，既在外面（按：与“卒都婆”同音）坐何妨。”僧人惊其才，叩问来历，小町乃告以自己身份，谈及深草少将之悲剧，此时少将亡灵回来纠缠小町，小町几乎发狂……

作家三岛由纪夫（一九四七～一九七〇）一生醉心能乐，曾有七篇能乐剧本之创作，其中之一为《卒塔婆小町》（按：他将“都”字改为“塔”），一九五二年一月发表于杂志《群像》。剧中有年轻诗人在公园里偶遇九十九岁的老妪，老妪自述自己在八十年前曾于鹿鸣馆与显要贵人一起跳舞，当时风华绝世的她亦曾成为羡艳之的；有深草少将者殷勤示爱，但她有一种宿命，凡是爱她的人都会死去。诗人听她的故事，愈听愈觉得眼前的老妪极美，不觉喊出：“你好美！”结果未能走出宿命而死。剧的最后一段男主角一直要爱她，她一直提醒他：

“我是九十九岁的老妪，你醒醒……”

“但你有二十岁眼神，香气，不可思议……你恢复青春了！”

“不要说下去，说我美丽的人都会死去！”

“美的东西就要说她美，我要说了！”

“不要！”

小野小町的供养塔

“九十九夜，九十九年，是该说了，小町你真美！”

主角当场死去，丑陋的老妪哭倒在地！

评论家唐纳 · 金说：这能乐是美与爱与死的“三角形”。

一九七〇年十一月二十五日，三岛由纪夫在东京市谷自卫队驻地切腹死亡，当时笔者正在距驻地不到一公里的富士电视台洽公，亲眼看到大多数日本人对三岛自杀的茫然不解。三岛在小说《金阁寺》中让小和尚把极美的寺院烧了同归于尽；美的事物原是不可以存在在这样恶俗的世界的！人因爱而悟美，美因死亡而完成。

《草子洗小町》是一出比较令人莞尔的戏。话说宫中又要邀许多和歌诗人举行“歌合”会，也就是做诗比赛，六歌仙之一大伴黑主亦在受邀之列。大伴自忖，自己的诗才终究是不如小町的，必须设计出奇才能胜出；于是他夜间潜入小町邸，只听小町吟：“未曾下种何得有，那浮草茂盛如水浪。”

大伴回家将此歌抄入古本《万叶集》中，翌日带着《万叶集》参加“歌合”会，小町果然吟出：“未曾下种何得有，那浮草茂盛如水浪。”大伴立即说此歌是古代的歌，并非创作。一座动容，无从分辨，那大伴掏出《万叶集》翻开来，书上果然有此歌。小町一时百口莫辩，但仔细看那首歌字迹似乎比其它部分浓些，乃拿来水盆以水洗书，新抄上去的部分立即消失，大伴大窘谢过；眼看大伴要受谴责，小町说：“吾身何可独享名，歌友在此歌道在！”一座皆称赞她的大方。这句话意思是说：在诗坛上若我单独享名声有何趣味，和歌之道本来该歌友互相切磋。这故事抬举了小町，只是难为了大伴黑主，也可见诗歌之会，看似风雅，争胜之际，也是心机很深哪！看看《红楼梦》大观园中众美女作《菊花诗》，思过半矣！

“太古情”中的皇太后

在平安王朝时期的日本语言中，“物语”是近乎“传说”的意思，因为是民间或贵族间的传说，所以大部分不知作者或记述者是谁。反过来说，若是这传说有确实的作者，那么它就变成某作者撰写的故事，有作者本人的意见及取舍，其作为“物语”的公信力就反而减低。这时代所留传下来的种种“史料”、“故事”乃至私人隐密、男女恋史，皆可作如是观。

“物语”中有“歌物语”。“歌物语”是以和歌为主题，解说某一首或多首相闻问的和歌，由谁在哪种场合撰写、赠送，及其前后的因缘，类似中国的“诗话”而故事性较强。“歌物语”为学习和歌者之必读，也是日本“国学”的一环。

皇太后藤原高子及歌人（写和歌的人）在原业平的恋情经过，大部分取材自“歌物语”中的《伊势物语》及《大和物语》。

藤原高子

高子是当年不可一世的藤原不比等及橘三千代的曾孙藤原长良的女儿，她原来被预定要纳入后宫成为文德天皇的妃子，但因文德天皇身边已有高子伯父良房之女明子早已称“染殿后”，所以纳妃之事一延再延。而文德帝不久以三十二岁之年突然驾崩，留下了十岁的皇子即位为清和天皇。清和是良房之外孙，良房强力拱外孙即位后自己成为摄政，却感到后宫空虚，需要安排一个藤原家的女子进去。于是不顾辈分要将侄女纳入后宫做清和帝的“女御”（仅次于皇后），也就是让她做堂姐明子的儿媳妇。高子强力反对，不只因为她当时已十八岁，不愿嫁十岁的清和帝，实因她与诗人在原业平已有多年的情分了。

江户时代（约十七世纪）创作的《伊势物语图纸笺》中的高子与业平的私奔。

两人于是计划私奔到小盐山那边的别墅，业平先带高子到看得见盐山的

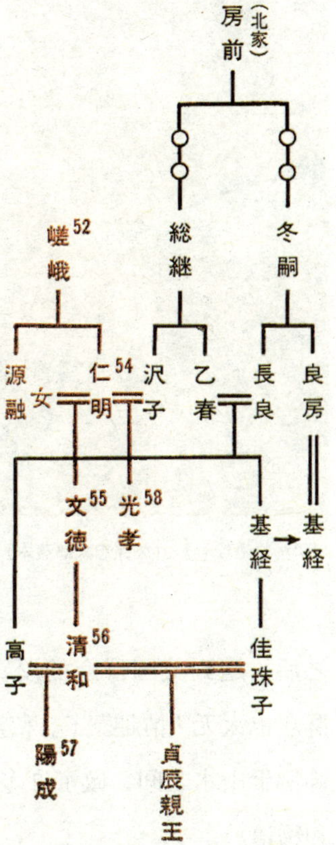

嵯峨到阳成朝的天皇家和藤原北家的关系系谱。当年藤原不比等的四子武智麻吕、房前、宇合、麻吕分别分为南家、北家、式家、京家四门，其中南家、式家和京家都因为卷入政治斗争而家道中落，唯有北家的后裔藤原冬嗣在八一〇年担任嵯峨天皇的藏人头后开始发迹，冬嗣之子藤原良房在文德天皇死后使自己的外甥清和天皇即位，并就任太政大臣，代幼帝摄行大政，良房的养子藤原基经则开了摄关政治的先河。

地方指示她如何走，高子当下赋和歌一首：“若人问我玉何物，玉是白露终消失。”表示不为瓦全的决心。

但两人行险未成，被人抓了回去，因为他们会私奔早在周围的人预料之中。他们两人可以说男的年轻，血气方刚；女的爱诗，也爱诗人。之前，高子与姨母（五条后）住在一起，而业平经常夜里去见她，曾为人所发觉。姨母于是增加周围的戒备，使业平无法接近，业平无法见情人，还赋歌：“路不通兮有关吏，夜夜孤栖其奈何！”依我们看来，做这种事还写诗张扬出去，也太不小心了。焉知当时的社会，只要诗歌做得好，世人是同情情侣的，这是东方人的情趣，否则卓文君夜奔司马相如怎会成为“佳话”？相较之下，英国诗人拜伦与异母姐把妻子逼走

《伊势物语绘卷》（久保惣太郎藏本）中描绘在原业平东下途中的一幕。

之后，遭到英国群众的谩骂，只好出走，终生未曾回去，英国群众也太无“情趣”了。私奔失败之后，业平离开京都独自旅行，徘徊于山水之间，做了许多和歌，丰富了《古今和歌集》及《大和物语》。

诗人在原业平

业平是平城天皇之子阿保亲王的儿子，其母则是桓武天皇的女儿；如果平城天皇未涉入“药子之乱”，业平是可能留在皇统之内，有机会问鼎至尊之位的。他天生姿容清秀、多情善感、长于诗词，十几岁时回故乡看到胞妹，有和歌赞赏其美：“春日野上紫衣女，令我心乱不忍言。”对胞妹尚且如此，见到可以追求的美女，当然积极送信且不管周围耳目。私奔未成之后，他独自到关东旅游，每到一处望景生情，写下和歌，成为《伊势物语》及《大和物语》的珠玉诗篇。他一日走到江户郊外浅草旁的隅田川，见到一种鸟，就请教路人鸟的名字，路人答以“都鸟”；“都鸟”触动了他在京都的伤心事，他又作歌：“尔名叫都鸟，必知京都事，敢问心上人，如今可安否？”

私奔未成被带回去的高子，当年（贞观元年，约当八五九年）十一月二十日受封为“从五位”的女官入宫了，她原来是由伯父安排好要以“女御”的身份入宫，还要在清和天皇行成人礼之夜侍寝的。但为了私奔事件的缘故，她居女官之室八年，到了贞观八年才得进位女御，此时她已生了公主敦子，后来又生了第一皇子贞明及次子，贞明出生后三个月即立为皇太子，都是摄政伯父的安排。另一方面旅行回来的业平，从此经历十几年，官位未得升迁，他却依然故我，到处留情，写诗，以醇酒妇人，打发郁闷，但文穷而后工，在和歌的创作上却水准凌驾同侪，人人称羡。在那个年代，文化人中，男人都多攻汉学、写汉诗，女子则攻《万叶集》，习和歌。但业平另有怀抱，不读汉文而沉缅于和歌的感伤，他是天生的诗人、情痴。

东宫之母

成为东宫之母的高子，在宫中以其和歌之才成为宫廷沙龙

歌仙在原业平的感伤，图中正是其诗句“红叶染红龙田川”的诗意。

的女主人。其兄藤原基经一方面在政治上发挥所长、官运亨通，最后做到太政大臣及史上第一位“关白”（相国），另一方面也成为男性沙龙的中心。这沙龙中有菅原道真、橘广相等第一流的汉学人才，写出许多汉诗文及史书。

一日，高子以“东宫御息所”（东宫之母）的身份到大原神社参拜（藤原宗族之氏神），在社内照例赏赐礼物及周围的人；此时高子突然瞥见远处树荫下，业平站在那里，她于是将礼物送完等大家都走了，才在轿内脱下内衣，交给业平，业平则塞给她一首歌：“大原啊，当年小盐山，犹似太古情。”

二条后（高子的尊称）主持的沙龙也常常有些活动，在这个阶段，其实兄妹间已有竞争意识了。高子任命僧人遍昭为太子的“护持僧”，她为此建元庆寺供遍昭居住；遍昭未出家前生的儿子名素性，亦因此常出入和歌沙龙展现文才。一日，高子命画工在屏风上绘红叶漂在龙田川水面的景，然后叫素性向外界征求歌咏这张屏风画的和歌。素性带回来的和歌有一首：“神代以来不曾有，红叶染红龙田川。”高子知为业平所作，默然无语。就人生的意义言之，她和业平都成长了，也成熟了，终能谛观过去的激情，珍惜现在的情分，默默思念对方。

兄妹对立

身体虚弱的清和天皇不久将帝位让给才九岁的太子后出家，旋又驾崩，成为太后的高子权势愈大，也愈不可避免地与兄长基经对立。首先，高子开始重用沙龙中的人及昔日的情人在原业平；对此，身为摄政的基经当然反对。基经早就很机警地将自己两个女儿赖子及佳珠子送入宫，意欲削弱高子的权力。新帝即位后，他以退为进数次奏请交出摄政之位，又奏请皇太夫人应即改称皇太后，垂帘听政。高子终

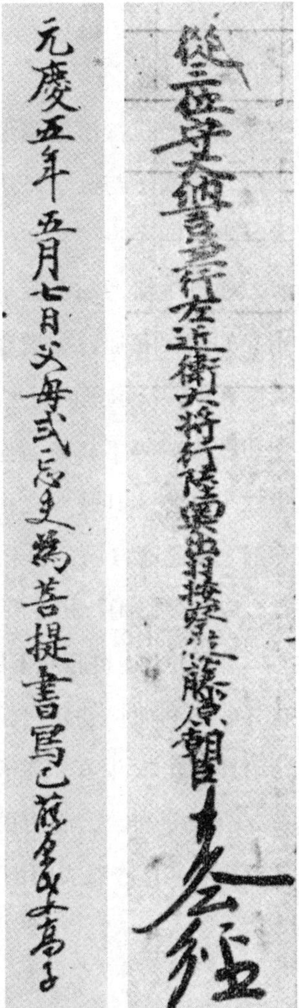

藤原高子为供养父母亡灵抄写的经文（原件藏阳明文库）奥书中的亲笔署名（左）、藤原基经在公文后的亲笔署名（右），出自《贞观寺田地目录》（仁和寺藏），高子娟秀的字迹和其兄尊大雄浑的书风形成了鲜明的对照。

究斗不过心机深沉的基经，基经设计诬责十七岁的天皇性格不正常，将高子与天皇赶出宫外，天皇（阳成天皇）离开宫廷后继续生了四个皇子。高子在情感生活上及政治生涯上都曾经沧海，独自生活，却在五十五岁时又遭到乃兄的诬陷，说她与东光寺的僧侣私通，被褫夺了太后之称呼。但她创办的文化沙龙继续存在，从这里面诞生了《伊势物语》、《大和物语》、《古今和歌集》等不朽的名作。高子殁于延寿十年（九一〇），享年六十九岁，其晚年之作："雪中春来到，莺泪终化水。"以莺泪之融化喻自己之心未解，与在原业平之歌"世上若是无樱花，春心应该多悠闲"相互辉映。

藤原世家，自藤原不比等成为重臣之后，历代以女儿嫁天皇，居外戚之利而揽朝廷之权。但威权凌驾朝廷之后，宗族中伯叔兄弟开始争权斗争，高子与其兄基经之互相倾轧是很典型的例子。争权夺利，已成历史，但藤原家亦出了几个诗人，其所作汉诗和歌，迄今赚人眼泪。

王朝才女——清少纳言

西元一千年左右，约值日本平安王朝的中期，日本的宫廷文学在追求风雅的皇族、贵族、官员、后妃及“女房”（亦称宫女或女官）的吟咏中，透过“歌合”（歌会）及宫廷沙龙，缔造了前所未有的灿烂时期。其中写出了文学史上最长篇的小说《源氏物语》的紫式部及以《枕草子》随笔留名后世的清少纳言，此两位前后入仕为中宫及皇后的“女房”，成为沙龙中的一时瑜亮。说来这两个才女都出身官宦世家兼书香门第，在当时若无这样的背景，难以到宫廷里担任“女房”，还必须要其人好学多才，才能在那环境里出类拔萃，并交结贵人以为后盾（按：“草子”是“册子”之意，文人写书常自谦是草子）。

清少纳言

东洋文库藏土佐光起绘清少纳言画像

清少纳言的祖先可以追溯到“飞鸟时代”与额田女王谈恋爱的天武天皇，舍人亲王之后取姓“清原”。其祖父及父亲清原元辅都是和歌的名家，但只是书香家庭而不接近政治权力。她十六岁时嫁了橘则光而生一子则长，但随着儿子渐渐成长，内心颇质疑终生为“贤妻良母”的价值。有一次她参加右大将藤原济时的法会，目击贵人贵妇们优雅洗练的谈吐，想到自己的祖先曾经也和这种贵人们促膝吟咏，心中怅然。她再三思量，她的教养，她的汉学知识，只有离开家庭，才得以发挥。

清少纳言二十八岁时，“关白”（首相）藤原道隆看上她的才学，派人来敦请她去做中宫的“女房”。中宫定子是道隆的女儿，把女儿嫁给天皇是当时政坛上常有的事。而这位嫁给“一条天皇”的中宫定子当时才十八岁，很需要一个教导她，陪伴她的女房。

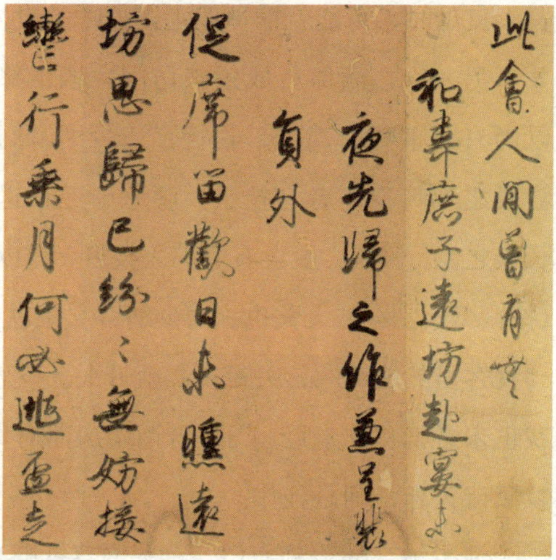

藤原行成《白氏诗卷》（东京国立博物馆藏），藤原行成（九七二～一〇二七）系右少将藤原义孝之子，一条朝的名臣，官至参议、权大纳言，极受藤原道长信赖。他是平安朝代表性的书法家，和小野道风、藤原佐理并称“三迹”。

但初入宫做事的清少纳言虽然已二十八岁，却还是内向害羞的少妇，定子不得不多方安慰她、鼓励她。在《枕草子》第一八二段中，清少纳言记述初入宫廷时，见到定子之兄藤原伊周来访的始末，当天下大雪之际，定子见兄长来访，说：“积雪很厚，哥哥竟找到路走来。”伊周立刻引述平兼盛的歌曰：“山里积雪无道路，来人辛苦实堪怜。”于是在这种气氛之下，女房们围着伊周开始谈话、说笑，羞涩的清少纳言也经不起伊周的挑逗，加入欢笑群。她一方面难免羞涩以扇遮面，另一方面陶醉在周围的笑谑与语言游戏的氛围，这是她从前做梦也没想到的优雅与嬉笑的混合，她自觉昔日做贤妻良母时，可能就憧憬能走进这样的世界。

另一次，藤原行成前来访问，谈话终宵，蓦闻鸡鸣，藤原以尚有公事匆匆离去。临行，清少纳言问：适才鸡鸣，莫非孟尝君之鸡鸣狗盗者之技乎？藤原于翌日送来一封信，表示未能长谈之憾，又说：孟尝有鸡鸣之技者，得以开关，是亦通“逢坂”（按：男女幽会）之关也。清少纳言立刻以一首和歌覆之，歌曰：“食客虽然能鸡鸣，关吏未必就开关。”表示“你能坐到天亮，我也未必就和你亲近。”评者谓女房而对贵公子，能如此坚持，且赋诗言志，确是佳作。

清少纳言的《枕草子》，有些内容针贬当代恶俗、好事、多话、装腔作势之人。但有一大部分描写她所仕的中宫定子所主持的文学沙龙中的优雅歌会，及定子其人的大方深情，她对她的雇主定子是由衷地敬仰的。

清少纳言另有许多和歌，表达了她的深情与纤细，如：“渔舟停在松岛等好风，我也日日望春风。”率直地表达其等待情郎的心思；又：“早知早晚会忘我，止不住泪水又奈何”、“尔何薄义、让我盼望，却又不来”等等。和歌因字少，只能直率地表达，不能像《枕草子》那样，散文可短可长，可以从容地说一个道理或一件事。

和清少纳言同时代，也在宫中陪伴另一中宫（彰子）的紫式部，曾在其著作《紫式部日记》中批评清少纳言：“凡事占先，喜欢写汉字，卖弄汉学，仔细看其作品，亦不过如此……”事实上清少纳言是写随笔的人，紫式部是写小说的人，两人最擅长的都不是和歌，和歌写得比较好的，要推和泉式部（后篇介绍）。

中宫定子

定子以十八岁的年龄，嫁一条天皇为中宫，五年后其父道隆去世，朝廷权力转移到同为藤原姓但不同世系的藤原道兼及道长身上。道长将十二岁的女儿彰子送入宫为“女御”，翌年就升为“中宫”。而原来的中宫“定子”形式上升为“皇后”，但没有娘家做靠山的皇后是无法有实质的权力的。她搬出皇宫住到乡间，但不久生下敦康亲王，这位亲王原应继承帝位，后来也被彰子的儿子夺嫡。天皇对定子情义未减，屡次催其入宫，她后来又生了第二个女儿，产后一日，定子便发热去世。日本自开国以来，皇帝虽都嫔妃众多，但中宫只有一位，中宫即皇后的别称。到了一条天皇之世，道长恃其权势，请天皇另纳其女为中宫，而尊称定子为皇后，自此宫中有两后并立，就多事了。

彰子纳为中宫后不久，紫式部便由道长推荐入宫，为彰子的女房。但清少纳言在定子皇后死后照顾了她的遗腹子一阵子，就自誓不可溺爱子女，不必再嫁，而离开了后宫生活。她侍候过定子皇后幸福的年代，也陪她度过住在乡间“平保昌邸”的岁月。在这中间其坚强的意志，极高的才华，对定子儿同手足姐妹之情，使定子与她无话不说。定子去世后，享过荣华的清

《源氏物语绘卷》（德川黎明会藏）中抱着儿子薰大将的光源氏，使人联想到抱着自己女儿出生的皇子的藤原道长，藤原摄关政治的荣华，依仗的是他们和天皇家浓密的血缘纽带。道长死后，由于其子赖通塞进宫的女儿生不出皇子来，直接导致了和藤原氏没有近缘关系的后三条天皇即位亲政，从而终结了藤原氏的外戚政治。

少纳言，出宫住入“月轮山庄”，其所以选择此地，因为山庄靠近埋葬定子的“鸟边野陵”，可以说是生死相随了。

老年的清少纳言

据考证，清少纳言曾撰写《暗淡的藤氏》一书，成书后自觉与紫式部的《源氏物语》不能相比，乃自行烧毁，专心撰写《枕草子》。《枕草子》的成书时间可能自她二十多岁时，即有零散的笔记。入仕后每每纪录中宫定子周围的女房与贵公子间吟咏谈笑之事，以及自己与定子间的感情对话。出宫后心情沉重，多观察天气、风雪、花树、星月等自然现象，及可笑、可厌的人事机微，发为寸评，其言往往寸铁刺人。撰写期间可能长达三十余年，是其毕生之思想及感情体现，也因此口气笔触有的幼稚明朗，有的艰涩难懂，在所不免，但此类随笔，在当时的日本，前无古人，实开日本文学史上的先例。数百年后，法国的蒙田（Michel Eyguem de Montaigne，一五三三～一五九二）以随性的素材，用简洁的笔触，犀利的语言吐露感慨，诠释宗教，月旦人物人情，表达见解，撰写《Essais》（按：原意“试写”，后成为文学体裁之一种，称“随笔”）。他与清少纳言，东西遥隔，时代不同，活在不同的文化里，而写出类似的著作，可谓文人所见略同。

一说认为清少纳言出宫后削发为尼，仍住兄长致信家中，

天皇居所清凉殿的日常，天皇在和侍臣下棋，而正装的女房随侍在隔间里。（德川黎明会藏《源氏物语绘卷》）。

兄长死后可能寄居某寺。据《古事谈》之记载，她晚年零落，居住破屋，曾有贵族驾牛车从其篱笆边经过，遥遥瞥见老病的清少纳言，曰："清少纳言也会零落至此！"清少纳言闻其声，反喝："可有识者，愿买骏马之骨？"

"骏马之骨"典出《战国策·燕策》："君人有以千金求千里马者，三年不能得。涓人言于君曰：'请求之。'君遣之，三月得千里马，马已死。买其首五百金，反以报君……期年，千里之马至者三。……"意思是说：涓人替王找千里马，买回来一副千里马的尸骨，此事传扬出去，天下皆知王爱马，都送千里马来求售。这故事暗讽求人才与求千里马是一样的道理，清少纳言若真于老后发此言，其干云志气、其见识真要愧煞贵公子了。

和歌之魂——和泉式部

王朝三才女中，清少纳言以犀利的观察和冥思撰写《枕草子》，紫式部以极大的自负及野心写《源氏物语》，这两人都各有专长及不同的生活意态，其著作皆轰动当世，留名千古。但这两人的专长不在和歌创作上，真正专写和歌的诗心悲情，极和歌巅峰的是和泉式部。

和泉式部一生“出墙”多次，恋爱亦不断，当时的权臣藤原道长批评她是“浮女”（轻薄女人）。但诗歌评论家多半从她情意中的悲思，认为她在恋爱过程中体会悲情，“在男人中行脚”是她的宿命，可视为“多情佛心”之女才子。她是天生的恋爱诗人，语言的洗练，乃由于从小受宫廷不断的洗礼。

和泉式部之父大江雅致，曾是冷泉天皇的皇后昌子宫中的“大进”（事务官），其母亦为宫中女房，因而她自幼亦在宫廷中出入帮忙，不久嫁给了和泉守（和泉郡的太守）橘道贞，

和泉式部画像

其名实来自丈夫的官名。道贞虽教养很高亦有才干，但因式部不久与皇子“为尊亲王”发生恋情，夫妇乃于生下一女“小式部内侍”之后，宣告仳离，据说，式部离婚后仍念念不忘前夫，他们的女儿小式部不愧母教，后来也成为和歌名家。据说有一次小式部参加的和歌会就要开始，公任定赖怀疑她会派使者到其母式部的居住地丹后，去请教机宜或抄几首和歌回来应景，笑问她：“使者可回来否！”小式部当场以和歌反驳：“居地横越大江山，生野道路遥无期，迄今未见天桥书。”可见式部诗名大盛，大家都以为女儿必求取于其母，但那时小式部年纪虽小，已斐然成章。其中“大江山”及“生野”都是到“丹后”必经之地；“天桥书”是天上来的书，因为很遥远，不可能只为歌会就去请教。

和泉式部因在宫中帮忙，而皇后昌子多病，皇子“为尊亲王”每来探望继母昌子，就会见到式部，不久两人坠入爱河。这位皇子据《大镜》的记载，容貌光华，性情倜傥，交游甚广，但于二十六岁染病而亡。不久，式部移情第四皇子“敦道亲王”，此时亲王二十三岁，比式部小五岁左右。事情的开始是亲王派人送一枝橘花给式部，式部见花而想起《古今和歌集》里的古诗“五月待花橘，闻香忆古人”，乃答以一首和歌：“与其忆花香，不如问杜鹃，啼声是否都一样。”这首和歌的意思是：与其闻香忆古人，敢问你的声音（情意）是否与令兄一样？这话很大胆，但是式部是以爱情为性命的人。

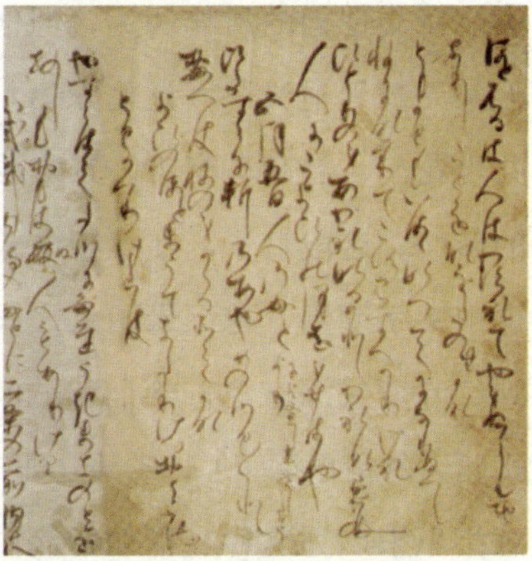

《和泉式部物语》书影，该书描写了式部和皇子们的悲恋。

以爱情为性命

敦道亲王接到“返歌”也陷入不能自拔的恋爱，亲王容姿雅正，有很高的诗才，可以说是和式部恋爱最适合的人。他顾不得避嫌，将式部接入亲王府南院，让正妃移居别处。亲朋无人能接受他们的所作所为，但他们同居五年，活在“无天无地无亲无友无道义”（评论家语）的恋情中。“加茂”节日，还共坐花车，卷起车窗帘，其华丽装束，成为祭典观众奔走相告的新闻。这段日子，在《和泉式部日记》中有详细的记载，日记中文字缠绵，也记录两人之间当年唱和的和歌。如：亲王看到红叶变成深红色，吟诵和歌的下句曰：“红叶红更深”（意指两人的情更深了），式部立即吟上句曰：“以为白露过无痕”，意指原来以为这种交情如一滴白露很快就干了，没想到会像红叶，愈来愈红。这样的情爱持续了五年，敦道亲王于宽弘四年（一〇〇七）秋，以二十七岁的壮年去世。式部陷入绝望的谷底，她虽只是亲王的情人，却为他服丧一年，在这期间做了一百二十首和歌悼念他，这些和歌大部分收录在《帅宫挽歌》中，泣血之情，文字之工，堪为和歌典范，闻者莫不动容。如：“从暗路走入暗路，愿山月遥遥相照。”“走出山路，来到暗路，今生可得再相逢？”这两首歌，好像她老早就睁着眼，明知是黑暗路，仍然走上去，所以她不是“误入歧途”，是明知暗路而走上去的。她，现在悲伤，但并不后悔。

在她的日记中，有这样的歌：

“千鸟叫同伴，声透冰冷天，晓月正光明。”

“仰首望青天，明知斯人不会从天降。”

“心思无尽时，独看萤火虫，似是我魂出躯壳。”

“此身原可舍，奈何曾经陪君子。”

最后一首的意思是：此身原可不要了，只是此身曾经是和他亲近过的身体，不能自尽。这话说得大胆、明白，愧煞许多装模作样的女人。至于那首把河边萤火虫想成是自己出窍的灵魂的化身，标题是“被人遗忘”。其时她独自坐船到明神社参拜，于河边见到萤火虫而作，境界清冷，心情凄绝，令人不忍。她是一个竭尽全部心意爱人、享受爱情、感受失望的女人，失望使她觉得情更高贵。

恋情诗魂

自然，如此深情的人，其情不只用在男人身上。式部曾与第一任丈夫生下一女“小式部内侍”，小式部曾以和歌反驳有人诬她歌会期近，定会请教母亲，前已说过。由于式部很大胆地“经历贵人之爱”，便有人问她：“这女儿到底是和谁生的？”式部不假思索以和歌回答：“世上何事有定论，谁能知道就知道。”其反应之速，口气之伶俐，不愧才女。这首歌，后世评论家有诸多解释，第一个解释是生孩子乃女人的宿命，其因缘深浅非局外人所能知道或过问，故她给那局外人一巴掌，顶回去。第二个解释小孩是谁生的，唯造化真正知道，你去问造化主吧！她写这样“厉害”的歌，只因此时已把生死都豁出去了。只看：“生前当细思，身败命终时，无人怀亡人。”令人想起陶渊明的《挽歌诗》：“向来相送人，各自还其家；亲戚或余悲，他人亦已歌……”

渊明写诗，貌似淡泊，心实缠绵。式部赋歌，爱恨皆穷其极端，直言无忌，其同时代宫廷才女皆不能及。唯千年后的与谢野晶子诗“我心恋君直高扬，亲也渺小，道也渺小”差可比拟。

式部不但终生全心全意爱人、被爱；也认同别的女人有这样的感情与遭遇。其《灯前思花》一首：“明知隔夜就凋零，惜看黎明前时花。”对于明早就会凋零的花，终宵惜别的心情中，可能把那一朵花看成是相识的女人吧！

王朝三才女中，紫式部与清少纳言因年龄相近，又分属于皇后及中宫两位对立的势力下办事，虽然相识，较无情谊。和泉式部年纪较小，比清少纳言小二十岁，在宫中担任女房的时期大部分错开，两人性格相异，但也有互相认同、关心的经过。有几首和歌，经认定是端午节日，式部与清少纳言之间互相酬应的歌：

“菖蒲草，顺水流，岂无回头觅宿时。”

“回头亦枉然，菖蒲已枯黄，不足做马料。”

“菖蒲虽枯黄，良骥有心当回头。”

第一首是式部劝清少纳言，若遇君子应回头重拾生活。

第二首是清少纳言回，人老了。

第三首是式部安慰她，若有心男人当会前来找她。

式部是热情的女人，清少纳言是冷静思索的女人。式部眼中的男人分两种：一种是值得爱的男人，另一种是令人不服的男人。但清少纳言眼中的男人是：“男人或有容貌佳者，常见

平安时代作为贵族女房正装的十二单，其总重量足有二十余公斤。

亦觉索然；有如名画，放于身边，久之令人生厌……”（《枕草子》第二九一段）。清少纳言又信佛教，却以美学的感觉酷批僧人、法师。在她的感觉中，男人是很难靠佛教得到救赎的，当然她也自知自己因恋爱而造孽，是不可“渡”的，但她以一种超世的胸怀看式部耽于恋爱的“美”，这是她做为诗人的灵感。式部曾替胞妹做了一首和歌：“终宵未得寝，看尽曙光吞晓月。”此歌收录在《小仓百人一首》中，千古传为佳作。

紫式部的《源氏物语》

《源氏物语》是一部不可思议的小说，它表面上好像是为日本“平安王朝”（七九四～一二〇〇）的宫廷及贵族文化、生活作注解。使用那时代的语言，依照那时代的风俗，让那时代的男女相逢、恋爱、悲伤、作诗、倾诉、悔悟……最后走到各人要或不要达到的终局。但仔细玩味，其中的人物似当时的人，而另有坚持；做当时的人常做之事，而别有怀抱；和当时的人一样生活而表情不同，说当时的人说的话而语言别有所指……

譬如同样谈恋爱而相逢或不相逢都是悲哀的，得意或不得意都是忧伤的，优雅或不优雅都是“无常”的。有人说它是《天台六十卷》的故事化，有人说它是《春秋》之笔，有人说它是《庄子》寓言的繁衍，而本居宣长（日本国学家）说它呈现“物之哀”。英国人阿瑟威利说它是世界最早的心理小说，阿瑟威利曾自一九二五年到一九三三年之间英译了百余万字的《源氏物语》。

小说家沃尔芙夫人（《奥兰多》作者）看了译文之后写了一篇《源氏物语论》，但意犹未尽，又写了中篇小说《一间自己的房间》（*A Room of One's Own*）。

紫式部的房间

《源氏物语》的作者紫式部是拥有“一间自己的房间”的女人，而做为当时中宫彰子第一女房（女官）的紫式部的房间应该是体面、宽畅，书桌周围有许多和、汉资料书供其阅读、写作的。

紫式部，原名藤式部，因为在两个场合上有人赞她姿容有紫色光影（按：紫，在当时有美丽的意思），后来大家称她紫式部。她的家系自先祖藤原良门拜“内舍人四位上”（四品官）以来，代代为二品至四品官，到其父藤原为时拜“越后守正五位下”。代代为书香门第，不但做官，而且也是诗人，紫式部以女子而每坐在父兄讲读汉文之左近，以此其汉文之造诣超越乃兄。

紫式部据推测出生于天禄元年（九七〇），卒于长和四年（一〇一五），享年四十五岁。二十六岁时嫁给族内“右卫门权佐宣孝”，时宣孝已四十六岁，有子与式部一样大，式部对婚事本不热衷，但其父以年龄已长，再三敦促，促成了这桩婚事，但宣孝于一〇一二年因疫疾去世。

一〇〇五年，紫式部三十三岁，当时藤原家系中最有权势

京都宇治桥畔的紫式部塑像

的藤原道长，将女儿彰子嫁给一条天皇为中宫，并力荐紫式部入宫为中宫身边的“女房”。她并不喜欢到宫中去担任这官职，但因为藤原道长是她父亲的上司，她不好不顺其意，勉强入宫，入宫之后也始终郁郁不乐。曾在日记中写：“看看周围，只感悲从中来。身在九重，心中也有九重之重。”

当时在宫中的女房，多半由权臣推荐进来，成为有力的大臣安置在宫中的耳目，而大臣为了保证女房对他的“忠诚”，往往推荐的是和自己有性关系的女子。据各种史料的说法，紫式部进宫前和藤原道长之间并无此类关系，但进宫后道长曾于夜间来叩她的房门。一说认为她始终未开门坚持自己的清白；但也有另一种说法，认为当时宫廷贵族的风气，并不以“贞节”为高贵，紫式部是已婚的妇人，应不会“幼稚”到始终拒绝“照顾她的人”。

但紫式部入宫后，不久就和她的主人中宫彰子处得很好。她感觉中宫对她很好，中宫则尊敬式部之才学，言听计从，两人很快在微妙的宫闱生活中成为“盟友”。

中宫不久诞下皇子敦成亲王，宫内外一片欢喜声，尤其做为皇子外祖父的藤原道长，连开九夜夜宴，称“产养宴”，庆祝其权力将愈加巩固。但敦成亲王只是一条天皇的次子，长子是皇后定子所生的敦康亲王，这位敦康后来更因母亲去世而被安排到中宫彰子的“御在所”同住，以便得到继母的“照顾”。紫式部日夜看到这位明知前途茫茫的长子敦康，心中百感交集。

紫式部侍奉中宫彰子，似乎终生未曾离开，在这十年中，她目击了掌权者的言行举止，攀缘者的奔走辛劳，贵公子的意气飞扬及失望，宫中生活的优雅、奢华、仪节，人情的微妙与险恶，权力的盛衰，诸行的无常……相传在这个时候她每见一事，每有感觉就记下来，成为后来的《紫式部日记》，也使其著作《源氏物语》感情愈深沉，意境愈高远。究竟“源氏物语”是什么故事？蕴含什么样的感情或心灵？架构在什么样的见识及意图上？这些问题，一千年后的今日仍有许多学者在研究、索解，但是无定论。其所以无定论，乃因文字闪烁、诗意莫测，言事而有情，

真正极乐寺藏一条天皇画像。一条天皇（九八〇～一〇一一），名怀仁，圆融天皇的第一皇子，母亲为藤原兼家（道长之父）东三条院诠子。皇后为藤原伊周之女定子，中宫为藤原道长之女彰子。九八四年被立储，九八六年藤原兼家设下计谋欺骗花山天皇出家，使怀仁七岁得正九五。之后兼家及其兄弟道隆、道兼迭任摄政关白，藤原道兼死后天皇更授左大臣藤原道长以内览（查看奏敕文书的权利）之柄，和道长协调施政，而打造了藤原道长“如月满无缺”的盛世，一条天皇颇受臣子信赖，在朝时各类学问、文化、技艺才人辈出，构筑了王朝文化的最盛期。一〇一一年因病让位，不久去世。

摄关家的中心邸宅，东三条殿的模型。

言情而喻人。指山水花月而意在事，谈人际关系而别具胸怀，加以当年的语言风俗，后人不尽理解，宫闱中事，无人目击，百般臆测，终无把握。有人说：名作之为名作，其难解处正是成其名之重要所在。信然！

从悲情到大悲

《源氏物语》的第一帖《桐壶》是这样开始的："不悉何代何年哪位天皇之世，众多嫔妃中有集宠爱于一身的美丽更衣名桐壶，生下了一个美丽的男婴后，因受不了众嫔妃的妒忌，一病而亡。天皇深为悲悼，每见壶中秋草，垂泪终宵。……皇子成长，日见明亮而俊美，世人皆以'光君'称之。帝为其将来设想，将之降为臣籍，赐姓‘光’，名源氏。十二岁行成人礼后娶左大臣之女葵上为妻，但源氏见父妾藤壶容貌酷似亡母，颇有孺慕之心……”

源氏十七岁时参加斋戒会，与妻兄“头中将”及其他多人一起月旦（评比）女子之美丑，始知贵族女子之外，尚有各种美姝，为其生平未曾见识。翌日，他走访妻子葵上（按：当年贵族女子婚后仍居娘家，丈夫可以常常走访），但心情仍感空虚，乃找借口访问纪伊令官邸，意外见到纪伊令之年轻继室空蝉，相对谈话，凌晨才别去。自此他想念空蝉不已，得婢女之助潜入空蝉寝室。但空蝉闻薰香而知源氏来到，脱下上衣溜出寝室，源氏见不到人，自吟：“空蝉虽脱壳，树上犹留余韵。”

源氏经历多次恋情后因挫折感患病，到北山去静养，在当地偶遇也在那里养病的父妾藤壶。两人不期而亲近，后来藤壶因此怀妊，两人都自觉罪孽深重而苦恼不已。藤壶后来生了儿子，是为后来的天皇。天皇后来风闻自己是源氏之子，封源氏为“准太上皇”。但多年后源氏之另一私生子不知就里与源氏之妻发生关系，源氏闻之深为懊恼，也深感轮回报应之速，心中恐慌……

百万言的《源氏物语》，曾经是世界文学史上最长的长篇小说，其情节之大纲无法概述，即使概述也无法凸显其多方的意念及心绪。但有几件事可以概括地说：

第一，《源氏物语》所以成为如此重要的作品，乃因它表面上好像依照当时的风俗，呈现了当时可能存在的男女关系，

正在土御门第观龙船的藤原道长（右立者，原画出自藤田美术馆藏《紫式部物语绘卷》）。藤原道长（九六六～一〇二七），藤原兼家四男，母亲为藤原中正女时姬。九九一年任权大纳言，九九五年兄道兼死后得内览权，并任为左大臣，他在九九六年扳倒政敌藤原伊周之后，一直位居朝堂的顶点。并分别使女儿彰子、妍子、威子成为一条、三条、后一条帝的中宫，号称一门三后，威势如日中天。一〇一六年就任后一条天皇摄政，次年将摄政让给儿子赖通，自己则居于在当时已成为荣誉职的太政大臣。一〇一九年出家，并建成了富丽堂皇的法成寺。虽然道长一生未做过关白，但后世却称这位构筑了贵族政治顶峰的人为"法成寺关白"、"御堂关白"。作为王朝文学巅峰的《源氏物语》正是在这个时代诞生的。

但实际上它以高于当时的行为模式，深于当时的男女关系，塑造了事件人物。因而规范了后世的情感及行为，使后世的人不得不以更优雅的心态及自制的态度交友恋爱。譬如，书中的主角人物，不论男女都从不发怒，发怒的人都是反派人物，或身份卑贱的人。书中的女人以被动的姿态及心态接受男人的爱，顺利时以诗歌向对方诉说恋情；不顺利时以"恋爱本是罪孽"的理解接受"宿命"，写一些谴责自己安慰对方的诗。发怒是丑恶的，即使是为对方所背叛或遗弃，写给对方的诗也只能自怨命薄，祝对方前途幸福。这种恋爱感情，贯彻书中人物的情绪，成为后世的典范。

第二，书中的重要人物都是寂寞的，平日见春花秋月而叹孤独，别离时望关山阻隔而兴叹，见面时说“逢濑”（欢会）之苦短，得意时思世情之无常，寂寞及悲苦代表人物之善感及优雅。紫式部死后，其女儿有和歌一首悼亡母，歌曰：“毋不愿长住忧苦地，终成云顶天上人。”可见在其女儿眼中，紫式部自己也是终生寂寞的，寂寞的人写寂寞的书，伤心人另有怀抱。《源氏物语》这本书的读者会受感动否无从得知，但受感动最深的人无疑是作者自己。

假定《源氏物语》中的重要人物的世界，在当年的宫廷中曾多少存在，作者无疑是保留了这些历史形象，却深化了故事及人物的感情、思想及意义。在一桩一桩人与人的情感互动与悲情中，我们一直看下去，会有一种感悟。如写悲情，写到最后连悲情都变化，成为作者为所有人物感到悲伤，也向读者传递悲情。似乎悲情累积为“大悲”，似乎“大悲”并不一定要透过佛学才能感悟，而是人类，或文学走到终极，也会走到这境界。

尼将军北条政子

日本自建国以来，其国都“飞鸟”、“奈良”、“京都”在位置上偏于本州西部，在交通不便的年代，天皇或朝廷的统治只及于京畿地区，广大的东北及南方的九州，一直由各地“豪族”控制，呈半独立状态。一直到一八六八年，明治天皇迁都东京，朝廷才比较有效地统治全国领土，但在西元前一千年左右，豪族虽盘踞各地，管束农民，并无任何豪族有力量能公然对抗朝廷或对天皇有什么不敬的表示。

一一九二年，号称“源氏武士统领”的源赖朝，以武力逼迫朝廷封他为“征夷大将军”，在关东地方的镰仓开幕设府，称为幕府，“代替”朝廷治理国事，且掌握土地的封赏权。朝廷被幕府架空，从此进入镰仓幕府实质上统治日本的局面，直到一三三三年镰仓幕府灭亡。但不久又有武力强大的武士出来统领照样施行，而有“室町幕府”、“江户幕府”的出现。

日本国宝，藏于神护寺的传为藤原隆信所作源赖朝像，不过有研究认为像主可能是室町幕府初代将军足利尊氏的弟弟足利直义。

北条政子就是镰仓幕府开创者源赖朝(一一四七～一一九九)的正室。她以其强韧的意志，劝丈夫取天下，丈夫死后，独力支持幕府，解决府内权力斗争，是保存了幕府的女强人。

源赖朝

日本的武士，在当年是地方的自卫武力，在京都是为朝廷及公卿所雇的军队成员而已，但时代变迁，武士不甘于长久屈居人下，曾屡次为天皇或上皇（按：当时是上皇有权的时代）效命，积功升官，后来也与公卿交往，俨然成为朝廷内一股势力。当时在朝廷效力的武士团有二：一为“平家”，二为“源氏”。两者势力的消长本来保持微妙的平衡，但在一一五九年被设计掀起“平治之乱”，源氏的首领源义朝与平家军冲突而败，义朝在逃亡中为盟友所杀，留下三子赖朝、成全、义经及义经之母常盘皆为平家所俘。平家之首领平清盛本欲置俘虏于死，因其继母池禅尼的求情而赦之，男子皆令出家，常盘收为妾媵。其中赖朝后来被放逐偏远的伊豆半岛，过了二十年的流戍生活，在这期间奉平家之命监督他的当地豪族北条政宗，一方面监视他，另一方面也给以衣食。就在这时候，时政的女儿政子认识了这位表面上懒惰好逸，又到处拈花惹草的源赖朝。赖朝当时三十岁出头，其貌平凡，在当时算已入初老之年，又是流亡之人，本无什么可取。但据幕府编年史《吾妻镜》的记载，政子虽出生于武士之家，但并不喜欢粗暴无文的“坂东武士”，而倾心于在京都住到十四岁的赖朝，也看准了其为“源氏”嫡裔的前途。少女政子，经不起情场老手赖朝的殷勤及说情话的本事，和他约会、亲密，事情却为其父政宗所知，政宗不愿因女儿嫁给源氏“流人”而得罪平家，迅速将女儿许给平家派在伊豆管理平家庄园的山木兼隆，而且把婚礼的日子也订好了。

政子夜奔

政子在婚礼的前夜，得胞兄三郎之助潜出邸宅，在风雨中奔走十几里路，奔入寺院“伊豆山权现”与赖朝会合。当时的大寺院，院内常养着上百“僧兵”，官府不敢管，山贼不得入，俨然是治外法权的所在。两人住在寺内，时政宗不能奈何，一直到生了女儿，才邀外公前来抱孙女，父女、翁婿得以和解。

就在这件事的前后，京都的局势有微妙的变化，源氏与平家相争，源氏败走后，在京都的平家独大到无人能制的程度。实质上领导朝廷的“后白河上皇”虽然心机极深，却用尽方法也无法阻止平家势力的扩大及平清盛的跋扈。平清盛当时担任相国，并提拔其子弟多人都盘踞朝中要职，日子久了，平家以外的公卿大臣都敢怒而不敢言，都内甚至有谣曲曰：“非平家就不是人。”可见其在都内横行、朝廷内目无君主之一斑。

消息传到关东及北陆，武士们纷纷谣传，朝廷已在设计除

北条政子木像，反映了这位女政治家的晚年风貌。

去平家，该是轮到源氏再起的时候了。一一八零年五月，武将源赖政拥立后白河天皇之子以仁王，发动叛乱。虽然以仁王和源赖政一族迅速被平家剿灭，但以仁王发出的讨伐平家的令旨，却遍行诸国。赖朝虽然接到了令旨，但心存犹豫。这时他在京都的亲戚三善康信来信说平家要对诸国源氏动手，要赖朝小心，赖朝不得已乃举兵反平，剿灭了平家派来的代官山木兼隆。平家方面闻讯就派了一名大将大庭景亲率三千兵来征讨赖朝。赖朝和大庭军战于相模国的石桥山，寡不敌众，被打得大败。赖朝及其左右仅以身免，从海路退往房总半岛。他在那里得到了千叶氏、上总氏等关东武士大族的支援，声势复振。原来跟随大庭的关东武士，又复投入赖朝部下，赖朝军凯旋进入关东源氏的故乡镰仓。从此他以源氏武士的统领自居，整备军队，遥遥与京都的平家军相对峙。

三岛大社藏梅莳绘手箱，传为北条政子所用。

当赖朝兵败而不知去向的时候，政子带着一子一女本来寄居寺里，听到兵败消息后，料定敌方必前来搜索眷属，乃离寺逃亡，仅靠一两名仆人到处寻找居处。支持了十几天，后来得到赖朝反败为胜已入镰仓的消息，才狼狈来到镰仓。这是她一生最紧张的一段日子，在这些日子中她警觉到自己嫁了这个人，大概一生都不会很平安。

在京都的平家，虽然派平维盛为大将前来征讨赖朝，但在富士川之战中大败溃逃。平氏的威信受到了很大的打击，平清盛不久也病死。在赖朝起兵的这一年，源氏的同族武将源义仲在信浓起兵，在北陆地区几次击败平家的讨伐军，乘势在一一八三年攻入京都。平家逃往西海，源义仲的队伍是乌合之众，在京里到处胡闹，义仲本人也十分骄横，不知对他们忍无可忍的后白河上皇已暗中下了密诏，命赖朝带关东兵前来勤王，消灭源义仲的势力。

赖朝以镰仓为根据地培养兵力时，其两个异母弟成全及义经都闻风前来投靠；成全后来以“谋叛”嫌疑受诛，另一个义经就是成为著名历史人物的源义经。他的生涯经过稗官野史的烘托，成为家喻户晓的名将兼义士，其后来为赖朝“逼死”的故事，更使大部分日本人痛恨赖朝的“刻薄寡恩”。一说认为政子在这阶段故意离间赖朝与义经的关系，为的是心中已开始盘算一旦赖朝取得大权时，要让娘家父兄及弟成为掌权的人。史学家对此说法并不认同，但事实的演变是赖朝成功后，政子即让其父及弟陆续成为幕府的“执权”，掌握实权而使后来的“将军”都被架空，这是后话。

兄弟反目

赖朝接到密诏，认为时机已经成熟，派弟弟义经等率军赴京都“征讨”源义仲，取得全胜。源义仲灭亡后，源平之战重新开始，义经和源赖朝作为大将军率兵去征讨平家。但赖朝一方面派弟出征，另一方面对这个弟弟也并不放心，特派一名心腹梶原景时为“监军”随同前往。两人之间屡有冲突，景时派人送信赖朝，语中多有对义经的不信任看法。

在一次奇袭中，义经穿越过相传只有飞鸟能飞越的山峰“鹎鸟越”，从山上放马奔下，突袭平家军的背后而获胜（按：此战为日本战史上的奇迹），平家军西逃入海以船队作最后的决战，义经也以船队迎战。在“屋岛之战”役中，义经命部将那须与一射下敌军船上旗杆的扇，借此提高士气，击溃退到了“坛之浦”的平家军，平家族人及主要战将多数在此战阵亡，其家

藏于中尊寺的源义经画像，被推定是十六世纪以后的作品。

眷妇女也皆盛装跳海而亡，唯生过皇子的平清盛之女“建礼门院”由源氏军从海中捞起，后来出家为尼。这个凄艳而惨烈的场面在名作《平家物语》中有很详细的叙述。《平家物语》是叙述平家两代人由极盛到灭亡的长篇小说，其文以“祇园精舍之钟声，有诸行无常之音韵。沙罗双树之花色，显盛者必衰之理……”令读者悚然而惊。

先是，赖朝在出兵之前，曾上书上皇，希望将来源氏军若勤王有功，所有朝廷对诸将领之封赏，均由镰仓方面列名建议请封之位阶，以便朝廷照建议封赏。但义经凯旋回家时，后白河上皇故意不采镰仓方面之建议，而自行封义经及以下诸将，诸将见义经接受官位，也就纷纷接下朝廷封赏。消息传到镰仓，赖朝大怒，义经带兵回镰仓时，赖朝命只准军队回来，不许义经入镰仓。从此兄弟不见面，义经回京任官，一时成为上皇的宠臣，而赖朝则专心思索如何与朝廷争权。

在这过程中，政子似乎有机会介入赖朝兄弟间的误会，但她没有这样做，她可能心中暗喜他们兄弟不和，娘家的人将来才大有可为。她历经艰难，目击许多政治权谋，天生的政治头脑渐渐成熟，也渐成为日本的吕后了（她是听过汉高祖的吕后的故事）。

日本的吕太后——北条政子

义经是一位军事天才，却是一个政治白痴。他一直以为自己和赖朝之间情属兄弟，什么事都好商量，他并不知这位兄长是满脑子权谋，随时可以“为大局牺牲亲情”的人。在这中间，赖朝的正室北条政子也一直冷冷地看着他们兄弟关系的恶化。其实这对兄弟她一个都不喜欢，因为两人都好色而到处留情。在京都，一个男人拥有几个女人，在当时被视为当然的事；但在北方出生，成长于尚武家庭的她，不认同这种“风俗”，说来她可能是第一个主张一夫一妻制的日本女人吧。但虽然这对兄弟她都不喜欢，赖朝是她的丈夫，前途相关，而义经，可能成为她未来的绊脚石。

阿静之舞

稍早，赖朝曾将“御家人”（部属）之女小菊送到义经住处，说是送给他当妻子，义经恭敬接受，但终生对小菊没有感情。义经出兵时又爱上一个平家的女子，而在京都时又另宠爱一个“白拍子”（男装舞女）静香。义经得罪赖朝而回京都后，上皇要他带兵征讨赖朝，义经到处募兵，但人人惧怕镰仓不敢应募，于是义经无法回京暂时隐匿吉野山。此时赖朝也听说了有静香这个舞女舞技神妙，就命人将她找来，政子及赖朝的部属都知赖朝又“闻”色心喜了。静香来到，赖朝以祭神为由要静香在众人前表演歌舞，静香此时小命操在别人手中，表面上似乎恭敬从命，但对政子提出了许多条件：要多少人的乐队、要什么样式色彩的舞衣足装、要怎样形式的桧木舞台……政子全部答应。

祭神之日，簇新的舞台前围坐几百个武士，乐团已调好乐器，静待女主角出现；俄而，从神殿的对面，全身雪白衣裳的静香像流水一般不疾不徐地“流”进来。所有人看到她那安静的表情，都为之一惊，前几天满脸恐惧的那弱女子怎么变了样？大家都以为，她只是艺高胆大吧。笛声开启了序曲，三味弦继之，一声鼓响，女主角开口唱歌，配合舞蹈：“吉野山，白雪覆山峰，遥想入山人，不知落何方？”全场开始骚动。这是应该在神前祈祷赖朝武运的场合，而静香竟敢唱出怀念义经的和歌！而且

静御前当年在镰仓鹤岗八幡宫表演的白拍子舞，如今已经成为了该景点的定例表演节目。

义经此时已与赖朝反目，形同背叛！这女人好大的胆子！场内有人开始指责，有人主张把她拖下去鞭打！赖朝闭目无言，他心中相当不满，他本来对这个美女是有些遐思的，没想到她竟然公开使他难堪，也形同拒绝了他的“好意”。“不要吵闹！”政子一声叱喝，乐声于是继续下去：“西楼月落花间曲，中殿灯残竹里声，人在仓皇终不安，不在徒然伤别离，君去身影尚在心，何年何世才能忘？世上最难亲子别，夫妻离散悲无尽……”全场寂然无声，人人皆为其至诚至悲及歌舞之美所感动，女强人政子此时流下眼泪……

歌声继续：“阿静啊，阿静！纺轮可回转，昔日不再来……”一声裂帛，歌舞结束。

武士们犹想说话，但政子抢先发言：“好精采的舞蹈，好深情的思念，这是从一而终的女子声音，古之烈女亦不过如此！阿静！舞得好，唱得好！就好好休息吧！”无人敢有异议，赖朝寒着脸，离席而去。

事后赖朝仍想杀掉静香，但政子多方回护，提出当年赖朝

明治时代画家大苏芳年的锦绘《判官和静在芳野别离图》（神奈川县立历史博物馆藏），逃难途中，源义经在大和的吉野山中和静御前分别，此后便一去永诀。

战败失散时，自己思念丈夫犹如今日静香思念义经。“如今大人为武士之表率而杀贞女，非所以劝世也……”于是赖朝命人将静香安置在寺院里，询问义经下落，但静香只说当日失败状况，其余守口如瓶。数月后她产下一男，赖朝立即命人将婴儿杀死，然后放了静香，政子赠送布帛、银子让她上路。静香后来定居天龙寺旁，一年后死亡，享年仅二十岁。事迹后来被编成日本歌舞伎等戏剧形式，流传日本数百年。

打败官军

平家覆亡之后，赖朝没把义经放在眼里，却专心与朝廷讨价还价。他先是想把女儿“大姬”嫁给“后鸟羽天皇”，以便成为未来天皇的外祖父，但大姬拒绝后，后来不久死去。大姬原来有一个青梅竹马的玩伴名木曾义高，义高是赖朝向木曾家要来做人质的，来时年仅八岁，与大姬出入相伴，玩在一起。但后来木曾家与赖朝发生冲突，赖朝毫不手软将义高杀了。这时政子曾经介入，以义高已与大姬相好很久，为义高说情，但赖朝认为政治不能有私情，还是杀了义高。义高死后，大姬郁郁不乐，身体多病，十八岁而亡，十年之间未露过笑容。

赖朝到京都向上皇报告平家已经覆亡，意在请功，上皇明知赖朝志在“征夷大将军”，却假装不知，封他为“近卫大将”。赖朝失望辞官回到镰仓，自行大封其将领及东坂地头为各地“守护”。一一九二年，白河上皇去世，后鸟羽天皇不得已封他为“征夷大将军”，这是日本史上第一次有可以设府开幕的大将军，从此“将军”之权凌驾天皇，朝廷成为虚设之衙门了。

一一九九年，赖朝因病猝死，享年五十二岁，政子立刻立十八岁的长子赖家为第二代征夷大将军。但这位长子身体孱弱，性格阴暗，只宠爱妻子“若狭局”，并亲近妻父“比企能员”，却冷落了随其父赖朝打天下的诸将。这时，政子封亲父北条政宗为将军府之“执权”，其地位仅次于大将军而可代大将军发号施令。慢慢地，北条家人与比企能家人的冲突表面化，终于演成内乱。内乱的结果比企能员被杀，北条家胜利，北条政宗将大将军赖家幽禁后毒杀，政子立幼子实朝为第三代将军。实朝是一个浪漫主义者，他向往圣德太子的“宪法立国”，不和属下将士沟通，终日读书吟诗，沉醉于和歌之修习。政子看着这个幼子的作为，不敢把政事真正交给他，只好自己振作精神亲理万机，旁边只有父亲政宗能帮她，但政宗于内乱之后自觉

镰仓建仁寺所藏源赖家画像，他刚愎自用，宠信亲随，不得众心，终于陷于北条氏的政治阴谋。

有愧，辞去“执权”职位，这位置就落到了政子的胞弟北条义将身上了。从此以后镰仓幕府将军之下的“执权”，代代由北条家人担任。

实朝任大将军之位时，朝廷见其尚恭顺，多次封他官位，最后封到“右大臣”之官，实朝为此到鹤冈八幡宫祭神庆贺，当晚为人暗杀而死。相传主持暗杀之人可能是实朝的侄儿公晓，而其背后有“执权”义时的支持。

朝廷本想讨伐幕府，见幕府杀戮相继，正有借口，乃起兵号召讨伐幕府，收回政权。

此时政子的形势，正如同刘邦死后的吕太后，她见将士闻朝廷军队来攻都相顾失色，互相耳语：“朝廷军自然是官军，我们若与之对抗势必成为贼军，不如早早投降！”政子一方面激励胞弟义时撑下去，另一方面召集将士发表了一篇宣言：“故征夷大将军赖朝大人，奉朝廷之命征讨逆贼平氏后在关东草创

水无濑神宫藏、传藤原信实笔的后鸟羽上皇像。这位上皇多才多艺，能文能武，是个百科全书式的才人，但是因为对皇室的力量过于自信，终于落得个流放孤岛的悲惨下场。

以来，与诸将士共享官位俸禄，其恩情高于山岳，深于河海，其待部属亦仁至义尽矣。近因奸臣进谗，朝廷下诏声讨，此无理之甚。愿各将士同心协力，清君侧以维纲纪，保全镰仓幕府三世之基业。若有心想投降以博富贵者，此时此地，就请言明……”（摘自《吾妻镜》）在场将士见政子声泪具下，都同声愿为镰仓幕府而战。

朝廷临时募来的军队不堪一击，政子大获全胜，但她剃发为尼，却继续在“执权”义时的襄助下亲自处理大将军府的事务，人称“尼将军”。实朝死后，源家无适当的后嗣可任将军，政子向朝廷请求派后鸟羽上皇之子来接将军位置，上皇不肯，改迎赖朝远亲之两岁儿子为将军，此后实权一直操在政子及“执权”手中。镰仓幕府历一百五十六年，于蒙古舰队来寇日本之后，瓦解而亡。

享尽尊贵而不幸的建礼门院

在平安王朝时期的日本，“院”是上皇、皇太后及做过皇后的人始可享有的“称号”。“建礼门院”，在三十岁前做过“女御”、皇后，生过皇子，成为国母，表面上享尽荣华尊贵，但眼看着生父平清盛与上皇之间的勾心斗角，及丈夫皇帝的无可奈何，其一生可谓历尽艰难、伤心、伤情，却因地位孤高，无从倾诉，其实是一位极其不幸的女人。后世女诗人与谢野晶子曾有和歌一首，咏建礼门院的一生：“杜鹃悲，治承寿永为国母，三十读经古寺中。”意指：“治承、寿永两代中贵为国母的建礼门院，三十岁就削发为尼，日日在古寺中读经。”诗中透露惋惜与哀怜。

德子有德

建礼门院名“德子”，是平家大家长平清盛之女，出生于平家势力盘踞朝廷，庄园遍布全国的极盛时期。那是日本对宋朝贸易最盛的时候，南宋的诗文、文物、绢丝等大量流入日本，有助于缔造日本贵族生活的风流与奢侈。德子姐妹在这样的环境中长成能诗能文、进退娴静的淑女。当时，德子的母亲时子的胞妹滋子，是后白河上皇身边红极一时的妃子；十岁左右的德子看着姨母出入宫廷，雍容华贵的姿态，大概也可能憧憬那样的生活吧。

永安元年（一一七一）十二月，经父亲的努力，德子“入内”（嫁入）皇家为高仓天皇的“女御”（仅次于皇后的妃子），那时德子十七岁，高仓天皇仅十一岁。两人两小无猜过了几年，于承安四年元月，天皇已十四岁，乃由女房右京大夫引导穿着整齐的天皇，叙式“渡”（幸临）访打扮得如天女的德子皇后。据右京大夫的叙述，那场面“有如天上日月之光，人人称羡”。当时德子的姨母“建春门院”三十三岁，已晋升皇后的德子二十岁，两人在宫中行“茶道”，诵诗歌的场面，文辞艳丽，衣饰缤纷，传为佳话。

治承二年（一一七八），德子诞生皇子，平家称庆，庆祝的酒宴连绵四十九夜。

年轻的高仓天皇性格温厚，举止文雅，亦擅诗歌，但他身体并不健壮却身近女色，而所近的女子多为德子身边的女房（女官）。这些女房各有背景，譬如其中一人为德子之妹的丈夫与前妻所生的女儿，另一人为德子胞姐情夫之女儿，这些，在伦理关系上颇有瑕疵。无计可施的德子只好将自己最疼爱的女房小督，送过去侍候天皇。小督原也有情人，但皇后之命不敢不听，怯怯地过去陪伴天皇。天皇宠爱小督的消息很快传到平清盛耳中，清盛怒骂小督无耻，小督害怕，离宫出走，却被天皇的近侍找回来，在宫中生了一女儿。极端害怕任何妃嫔先德子而生子的清盛，派人抓小督送到尼庵做尼姑，是时小督仅二十三岁，天皇为此卧病不起。

平德子之母、平清盛第二任正室平时子之墓，她的一生可谓是平氏兴衰的全见证。

清盛怕天皇一旦死去，德子将失去权势，连带影响平家的前途，竟然和后白河上皇约定，如果天皇驾崩，即送德子入上皇之后宫。德子听说了父亲这项灭绝人伦的计划，大为愤恨，叫女房传话其父，表示自己将削发为尼。病中的高仓天皇听到传闻，翌日死去。清盛拗不过德子，只好送另一庶生女入上皇后宫，但清盛与上皇之间此后仍发生许多龃龉，上皇亦曾被幽禁，最后演成上皇下密诏命源赖朝领军讨“贼”的局面。在这十几年的宫廷角力中，上皇与清盛各怀私心，各有盘算，都想掌握权力，中间最苦的是天皇与皇后德子。尤其德子是内外煎熬，左支右绌，没有片刻的宁静。她名德子，也是乱世中最有德的女人。

平家覆亡

平清盛不久去世，而二十年来过惯尊荣富贵生活的平家武士，终不敌卷土重来的源氏兵团，自行烧毁邸宅向西败走。元历二年（一一八四）三月二十四日，平家军在海上“坛之浦”全军覆没，将士及女眷全部投水自杀。日本NHK在二〇〇六年年度连续剧《义经》中，将这场女眷盛装投水的场面，呈现成“落花之美”及“隆隆者灭”的悲情意态，令观者落泪。

德子投水后被源氏兵救起，连同平家被俘将士一起送回京

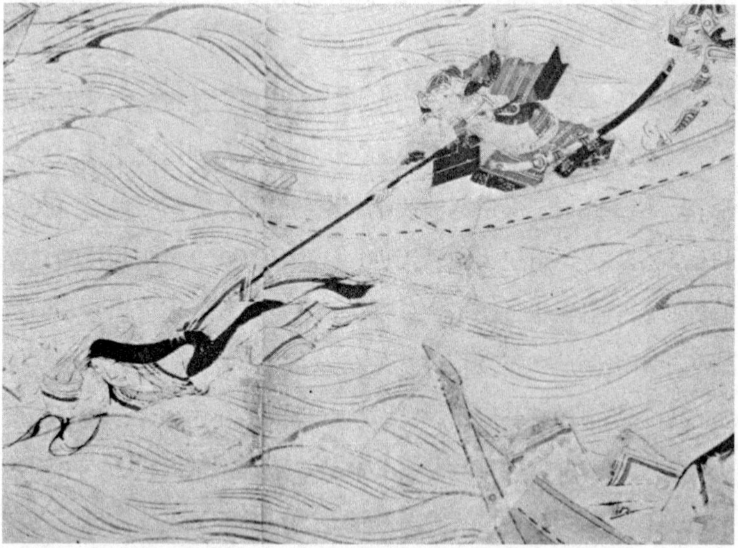

《安德天皇缘起绘图》中描写坛浦海战中，跳海的建礼门院被源家武士用长钩捞起的场景。

都。如何处置这位前国母成为很难的问题，最后右大臣藤原兼实发言：“历来争战，结果如何皆不罪女人，宜安置于乡间寺院里，使其安度余生。”于是改名“建礼门院”的德子，辗转入居“大原寂光院”，在此度过三十年的“余生”。在入寺之际，例须捐献若干钱财给寺方，德子身无一物，只好拿出其子安德天皇之衣服捐赠。削发为尼后，其日常用度则由其两个妹妹每月送钱维持，两个妹妹都嫁了地位普通的官吏，反而在这政争中未被牵涉进去，得以为乃姊送柴米之资。

寂光院中三十年

在日本文学史上，或以小说、或以名作叙述或纪录了源氏与平家之争战，乃至平家大家族由盛至衰的经过的稗官野史，至少有数种：《义经记》、《源平盛衰记》、《建礼门院右京大夫集》、《吾妻镜》、《平家物语》等等。其中最富文学性的《平家物语》的最后一卷《灌顶卷》中，详细叙述建礼门院出家入寂光寺后的心情、心念、觉悟及行止。中有一节标题“大原御幸”，叙述后白河上皇于建礼门院入寺后一年，前来大原寂光院探访这位过去的“儿媳妇”。上皇带从人八人来到大原，“遥望西山，一宇寺堂，寂光院也。院前有池，院旁有木，瓦破而香烟缭绕，户落而月常透明……”上皇不觉吟哦：“池水边树樱已落，波上似花正当时。”入内，不见门院，老妪说：“亲自摘花去了。”

东京国立博物馆藏《大原临幸图屏风》（局部），该屏风描绘了《平家物语·灌顶卷》中后白河法皇探望建礼门院晚年隐居的京都大原寂光院的情景。

上皇为之叹息，此时门院回来，自言：“今日命运如此，为来世想，实是好事。”上皇见其面上表情冷漠，唯唯而已，竟说不出什么安慰的话，继而门院自述，自懂事以来，眼见平家众人与朝廷之间的作为，自觉从天道沦入地狱，且经历炼狱、畜牲、饿鬼等六道之轮回，如今万念俱灭，每日只为枉死的人诵经超度而已。

上面这段话见于名作《平家物语》。但建礼门院有一个女房名右京大夫，这位女房也曾于秋十月到寂光院探访门院。据右京大夫的记述，门院出家随从只三人，从前如花似月的容貌已经完全改变。两人相对，只右京大夫说话，门院一直默然，右京此时三首以感叹时事之和歌奉上，但门院也未赋歌回赠。右京在其文集中说，据这情形，门院见上皇时不可能侃侃言其六道轮回之事，一定也是默无一言。且上皇曾对门院有“乱伦”之意念，此时还来探访，门院一定恶其厚颜，怎有心情和他说话！所以那些话，应是《平家物语》的小说家之言而已。

当平家在屋岛打败，向西逃亡时，逃难中因为住房不足，德子曾与乃兄同房，旁人诬其通奸，后来她投水自杀为源氏士兵捞起。也有小说《源平盛衰记》说她曾为源义经所污，因为义经之母常盘，曾在不可抗力状况下成为德子之父平清盛之妾媵，而生了一女，义经此举，是在心理上要报母仇云云。若根据右京文集所叙述之德子之为人，这些事恐怕都只是道听途说而已。

德子生为权倾一时的平清盛之女，入宫为后，皇子一岁而强立为太子后又为帝，但三年后败亡，其一生极尽尊贵，亦历尽苦难。她天生高贵，容貌美丽，一个女人如此过了三十年的半生，又过了三十年的隐居寺里的后半生，历史上不曾有第二个女人如此不幸。其实种种诬蔑皆因其父、其家族之为恶多端而起，但她生为女人，面对如此的家族又能如何？这是右京大夫的意思。

曾有后世文人，到大原寂光院徘徊良久，吟曰：“寂光院里岩上苔，人间寂寞到此尽。”

“不问语”——一个后宫女人的告白

“不问语”，是无人问而自语的意思。虽然无人问起，但有一个女子，愿意将自己十四岁以后的生涯、遭遇、恋爱、喜悦、失意、悲伤、失望、出家等的心路历程写出来，“以免日子久了，连自己的魂魄都不复记忆”。就写了这本日记式的告白。因为只是为自己写的，所以叙事，言情、悲叹、伤心，皆出自然，没有后来平安王朝女作家们的日记那样绚烂多彩，才气焕发，却是平实感伤地记述一生不由自主的遭遇，真诚、无伪。这是一本无掩饰、不讳言、坦然表白自己的日记。其价值在作者做为一个女子，不矫情，不为自己辩解的真诚的语态。

四岁入宫

她，名“二条”，父亲是官拜大纳言（尚书）的久我雅忠，

金刀比罗宫藏《奈与竹物语绘卷》中描绘天皇差来的六位藏人向某女性传达旨意的场景。

母亲曾在后深草天皇宫中担任“典侍”的“局”（局是房间，独自拥有房间的女官亦称“局”），生了二条（一二四三）之后就去世了。

后深草天皇三岁即位，做了十三年天皇后，奉父命让位给堂弟龟山天皇，成为很年轻的太上皇。二条于四岁时入宫与后深草上皇同住，当时上皇才十九岁，每天抱着二条叫“吾子”，稍大，二条从上皇口中得知，自己的母亲原是上皇初恋的情人。

二条十四岁时得上皇宠幸，从此开始写《不问语》。翌年，亲父雅忠病亡，她不顾腹中有孕，悲哭终日，痛不欲生。此时与她娘家有亲戚关系的西园寺实兼殷勤安慰她。西园寺比她大九岁，此时正在政坛展露实力，从此以后西园寺照顾她如兄长，也同时是她的情人。在日记中，二条以“雪之曙”之名记述这个人。生了上皇之子后，不久又在宫外悄悄生了西园寺的女儿，正好西园寺之妻也同时生了一个死产儿，这女儿遂成为西园寺家中的女儿，传说就是后来的“来福门院”，后来也成为天皇的女房。

游　移

二条与上皇生的皇子二岁而亡，她觉得这是她的心情在上皇与西园寺两者之间游移不定所招来的天罚，但她也无法放弃任何一人。在《不问语》中她记述：“住在家中时，每于西园寺离去后躺在犹有余情的床上，迟迟不能起床。等他来时总听着报时的钟声，边泣边想起此事如果传入别人之耳，将如何做人。也常常想起上皇的身影，但一旦住回宫中，又总恨上皇召幸别的女人，觉得情意愈来愈淡了。不如断绝所有恩爱，像西行大师一样行脚拜佛……”这时二条才十七岁，出家的念头还只是念头而已，但二十年后，她会真正走上这条路。眼前她一方面悲叹，另一方面，仍然在宫中过着华丽的生活。

由于上皇实在是爱她，出门时常常犯禁忌与她同车并坐，对这事最介意的当然是上皇的皇后。皇后盛怒时也曾禁止二条在宫中出入，眼看禁不了就与上皇摊牌，写信给上皇，若不断绝二条，自己只好出家。但上皇每次都替二条说话，安抚皇后，始终庇护二条。

但二条的苦恼还不只此，上皇有弟“性助亲王”，在仁和寺出家为“阿阇梨”（学僧），时时写信给她。一次信中附歌曰：“晓起为摘佛前花，衣袖已湿梦未醒。”二条见之，心似有感。

后来为上皇有病举办祈祷会，二条与亲王就在暗夜佛像前结合。二条是一个任何场合都为对方存脸面的女人，这是她终生的弱点。这事发生之后，亲王无节制地追求二条，使二条转而害怕他。她在日记中写上："有明（亲王别名）实可恨、可怕……"但亲王来信，声言："不知是何种魔缘，心中始终想念，即使今生想开了，来生也必沦入恶道，遗恨无穷。"但二条极力避开，关系曾中断一时。四年后，亲王又回来哀求二条，上皇在附近听到泣诉之声，竟也泫然，特许两人相见。不久亲王感染疫病，就此去世，留下辞世之歌："吾身与思就此烟消，念烟雾飘向何方。"

出　家

之前，二条在二十二岁时，失去了其叔父，又与外祖父因故断绝来往，就此举目无亲，无人照顾。当年，入宫的女子是需要人"照顾"的。这"照顾"包括可倚为后援，及时常接济金钱。因为女房或妃子在宫中开销繁多，除了衣服、珠饰之外，尚有宫中的应酬，对下人的赏赐等等。她们若没有外来的后援，在宫中是很难"做人"的。此时上皇已五十岁，见她孤立无援，就替她找了一位官拜"近卫大殿"的藤原兼平做她的"保护人"，为此还提拔了兼平的儿子，教他学唱歌。拿人家的钱，难免手软，古今皆然。这意味二条就必须在某方面迁就"保护人"，二条与别的女房不同，竟为此闷闷不乐，而更闷闷不乐的还有西园寺。

后深草天皇的坟墓深草东陵。其父后嵯峨上皇逼迫他把皇位让给了他的弟弟龟山天皇，这个事件埋下了他的皇统"持明院统"和龟山的皇统"大觉寺统"相争的祸根，这一皇统之争正是日后南北朝分裂的重要原因之一。

二十六岁的二条，上有上皇，旁边有亲王的纠缠，又因上皇的另一弟"龟山院"也常来信，而引起各种传言。皇后对她的嫉妒则有增无减，她心身俱疲，决心要退出后宫。

据通史《增镜》的记载，二条在三十一岁时曾在西园寺的女儿"永福门院"出嫁的行列中，以较低的三条的身份出现。她肯如此委屈参加婚礼，令人猜想那女儿是二条和西园寺的女儿。半年后，二条决心出家，穿上尼姑的衣服走上行脚之路。

从行脚回来时，二条已三十六岁。因上皇召见而两人有从容说话的机会，"二条尼"向上皇陈述自己多年来在各地寺院中修行的经过，也说到她在行脚期间心无旁骛，没有做出什么对不起上皇的事情，两人相约，"来世再会"而别。和歌集《千载集》中有一首标示"某尼"作的歌，歌曰："却忘此身忧，竟许来世缘，闻之亦可喜。"

嘉元二年（一三〇三），上皇病重，二条希望再见上皇一面，曾走访西园寺，央求代为安排。当时也已出家，号“北山入道”的西园寺，凝视二条良久，说：“我大概是年老糊涂了，不大记得你……”二条微笑而退。

同年七月十七日，上皇驾崩，“御所”周围警卫森严，武士们夜间点燃烽火。入夜出棺行列从大内出发，秋月正明，地上露湿，行列从深夜走到破晓才走到山陵。有人看到行列最后面有一尼，亦步亦趋，走到鞋子坏了，赤足强行，足上血迹斑斑，但她始终跟着，遥遥望着棺车。这一段话是二条日记中最动人的一段。

二条四岁入宫为上皇之女儿，十四岁得上皇之宠幸，上皇对她如父、如夫之爱，使她终生感动。继而遇到西园寺，她在《不问语》中，形容这个人：“新近共枕，其人深沉有志。”从这人身上她得到如兄如师的照顾，继而有亲王及“保护人”。

现代人读二条的事，难免认为一个女子一生中经历这么多男人而侈言真情，莫非是欺世之言。但如果能设身处地去理解那时代、那环境中的女人遭遇，如二条成为上皇之“女人”，虽得其宠爱，而这样的身份一生不可能嫁一个名正言顺的丈夫。只能进而在上皇默许下，或甚至背着上皇结识能相互诉衷情的男人，而且每次都掏出肺腑，真心相与，其生也哀，其情也苦，只是在不能自主的无奈中寻求慰藉罢了。而终能坦然在书中写出其生涯历程，也算是言常人之不敢言，千回百思，总觉自己能面对所作所为而无愧于心吧。只此诚实之心，足以千古了。

室町幕府的女诸葛——北条登子

日本历史上出现的三个幕府，依次为“镰仓幕府”（一一八三～一三三三，源赖朝所建立）、“室町幕府”（一三三八～一五七三，足利尊氏所建立）、“江户幕府”（一六〇三～一八六七，德川家康所建立）。其中“镰仓”与“室町”两幕府在年代上几乎相连接；事实上建立“室町幕府”的足利尊氏，原是“镰仓幕府”体制内的一名大将。而最巧合的是“镰仓幕府”的创始人源赖朝的正室是北条政子，而足利尊氏之正室也是北条门阀中的女儿北条登子。

原来自源赖朝创建镰仓幕府时，其过程多得岳父北条时政之助力，是以镰仓幕府的将军代代封北条家之人为“执权”，形成后来“执权”之权力凌驾“将军”权力的局面。一三〇六年，第十六代执权由北条守时就任时，其实幕府已走到末路，连执权的地位都只是形式而已了。当时北条守时将比自己小十一岁

净土寺藏足利尊氏画像。他原受北条家族长（称“得宗”，是后期幕府真正的掌权者，执权一职在当时已经沦为摆设）北条高时赐字，取名高氏，后来投靠了后醍醐天皇阵营后，又受天皇名赐字，改名尊氏（后醍醐帝名尊治）。他在日本战前被认为是历史上头号大奸臣，战后才对他作出了公正的评价。

的胞妹登子，嫁给属下部将足利高氏（后来改名尊氏），乃因足利高氏名虽部将，实为一群大武士团的首领，北条不得不讨好这个人。而这个足利高氏也确是很厉害的人物，据《太平记》记载此人器宇宏大，有识见，野心也大。

足利高氏

元弘元年（一三三一），后醍醐天皇发动兵变，举军于笠置山，镰仓幕府命高氏领军，将天皇流放到隐岐地方。翌年，天皇潜出流放地，再度举兵，于是高氏又奉派要出兵去打天皇军。高氏是好将领，能打仗，但上次奉派出兵时，他正服父丧，而这次又奉派时，自己正在生病，他对于一再被派去与名份上是“官军”的天皇军对阵，心中并不乐意。据《太平记》的记载，他在计划行军之前已决定要背叛镰仓幕府，因此原计划是要带着妻登子及儿子千寿王一起走的，但幕府本就疑他，叫他留下妻儿，且签署誓文发誓没有贰心，才带兵出发。

据推测，他出发时并未把心中的打算告知登子，才会有登子后来仓皇出走的局面。“谋及妇人事必败”是中国的古训，高氏可谓彻底遵守了这个原则，但做妻子者情何以堪！

高氏出发后三个月，有人告知登子，其夫将背叛幕府投降皇军，登子此时心中毫无准备，但她知道自己有两条路可走。第一策是将丈夫的叛意告知胞兄北条守时，守时是镰仓幕府的“执权”，她向胞兄告密，即等于表态要留在娘家，与丈夫决绝了。这是一条比较安全的路，因为她可以什么也不必操心，在胞兄的庇护下与儿子生活下去。但她此时可能已隐隐感觉幕府已走入末路，断然决定要潜出镰仓，去找丈夫。

高氏背叛的谣言，已传遍幕府内外，而登子母子的逃亡，证明了这“谣言”是事实。新田义贞所率领的皇军从三面攻来，而高氏已叛，外无援军，幕府军的形势极为不利。元弘三年（一三三三）五月十八日上午十时，双方开战，而战况不利于

从稻村崎海岸眺望镰仓、由比之浜方面，当初进攻镰仓的新田义贞军队，便是瞅准了这里退潮露出海岸的机会，一举突入镰仓，消灭了北条一族。

幕府军。守时力战到身边只剩三十余骑，决定自杀，对领军南条高直说："胜败乃兵家之常，但幕府及北条家也未必就此一败涂地，但我有胞妹婿反叛幕府，将来无颜见幕府将军，也不愿投奔胞妹，苟全性命。今日愿在此切腹而死，愿诸君继续奋战，维持百年来的幕府。"言罢切腹而亡。

如果，登子在得知丈夫背叛幕府时，选择留在镰仓与胞兄一起留守幕府，其结果将如何？这是一个很诡异的问题。依照当时日本人的忠义观念，如果留守而打了胜仗，登子或会失去丈夫，但可能随着胞兄活下去。但如果幕府军输了，足利高氏固然是幕府的罪人，而登子及守时是高氏之妻子及妻兄，当然也会被埋怨没看好高氏，其能恬颜生存的机率是很渺茫的。据

传狩野山乐作楠木正成画像。楠氏出身不明，但很早便投身后醍醐天皇的倒幕运动，在倒幕战争中以寡兵将数十倍于己的幕府大军巧妙地牵制在大和的山坳里，给新田义贞进攻镰仓提供了时机。

此，可以推论登子当时选择投奔丈夫，表面上好像是妻爱丈夫，焉知不是心中已判断胜方必是丈夫？因为她素知丈夫是没有胜算不会轻举妄动的人。

元弘三年五月二十二日镰仓陷没，半个城市成为灰烬，登子的娘家一家人，有的战死，有的自杀，死亡殆尽。但登子没有悲悼的时间，因为局势急转直下，她的周围在发生巨变。

原来足利高氏背叛镰仓幕府，打败了幕府军，与原属皇军的楠木正成等迎驾回归京都。此时高氏位居有功人员第一人，经后醍醐天皇赐名一个“尊”字，于是改高氏为尊氏，称足利尊氏，并受封为“武藏”、“常陆”、“下总”三地的太守。但尊氏心中却未以此为满足，积极整兵修武扩张势力。

先是，镰仓幕府虽已灭亡，但长期担任幕府执权的北条宗族，仍在各地拥兵自重。天皇为推行改革，派皇族护良亲王为征夷大将军率领诸将勤王，但护良因知尊氏阴有不臣之心，暗想除之，结果反被尊氏诬告谋反。天皇畏尊氏之势盛，只好将亲王幽禁。北条残党到处横行，天皇派尊氏前往征讨，尊氏要求担任征夷大将军，朝廷不许，仅封其为“征东将军”。尊氏带兵剿灭北条后竟不回京覆命，停留在镰仓，任意将各地分封给他的部将，将原在那土地上的守吏赶走。天皇知尊氏已叛，命楠木正成出征。

楠木正成是日本史上第一号忠臣，迄今事迹载在日本小学课本上，是日本无人不晓的人物。其誓死出征，并在“樱井之驿”训诫儿子嘱他要从承父志剿灭国贼的话，大义凛然，一直是日本国史上家喻户晓的好教材。

楠木父子

相传楠木正成于一三三〇年便明志愿为朝廷效力。当时后醍醐天皇在落难中，夜梦自己在大木之南找到安身之地，乃召见豪族楠木正成效命。又有一说，正成想效忠，而不得觐见，乃在宫园木上刻上两句汉诗：“天莫空勾践，时非无范蠡。”天皇见之，心中甚慰，知目前虽落难，犹有谋臣相佐。

正成是有谋略的将领，曾有著作《甲阳军鉴》，人称日本的《孙子兵法》。他奉命与尊氏转战多年，尊氏虽与正成为敌，言谈之中尚颇为尊敬正成之才略气度。两人攻战多年，互有胜败，一次尊氏写信派兵持送楠木问他：“阁下素称知兵，为何明知此仗必败而仍打下去？”正成回信：“世上有可打可不打之仗，也有胜败皆须打下去的仗，为其大义之战故也！”尊氏默然。

关东武士过去受过幕府之恩惠，皆希望重建幕府，是以多

大和吉野的险峻群山，南朝小朝廷的委身之地，这里同时还是赏樱的名所。

附足利尊氏，楠木父子前仆后继，父子皆战死。尊氏为方便计与朝廷议和，拥立次代天皇，并得拜为征夷大将军，设立“室町幕府”。而后醍醐天皇不满尊氏所立之天皇，率近卫军入吉野山，号“吉野朝廷”，从此与京都朝廷并立为“南北朝时代”（一三三六～一三九三），计传位四代，历五十七年。史书《太平记》就是这段历史的纪录，后世有诗人藤井竹外以汉诗咏叹此事：“古陵松柏吼天飙，山寺寻春春寂寥，眉雪老僧时辍帚，落花深处说南朝。”

登子的心机

在各逞谋略的时代，女人也有女人的谋略。登子是足利尊氏的正室，尊氏建立幕府，成为征夷大将军之后，她顺理成章成为幕府的“御台所”（后宫女主人）。她设法使自己生的两个儿子，一个成为镰仓公方（将军），另一个成为室町幕府第二代将军。即便是大将军的正室，要做到这些，也是很需要心计的。早年，她闻知丈夫要背叛镰仓幕府时，迅速带子逃亡，此时高氏的女人应有五六人之多，所生儿子也有四五人之多了。她们都不知高氏要背叛的事情，因此延误逃亡时机，有的被杀，有的则儿子被抓去杀头。仔细想想，为何高氏要背叛，只登子一人得到消息？合理的答案是消息被登子封锁，或故意延迟了，女人与女人间的斗争之可怕可见一斑。后来，登子以外的侧室或情妇，陆续失欢，有的连所生的儿子都未能获得生父的承认。就最后的结论而言，高氏的儿子中活到成人的只有三人，其中两人是登子所生的基氏及义诠。另外一个名直冬，年纪最大，但自幼被安置在寺院中寄食，后来还俗从军立功后高氏认他为子，但对他仍然冷淡，为此高氏的胞弟直义看不过去，认他为义子。这个义子在日后父亲与叔父反目时，为叔战死。《太平记》记载登子的事情不多，但从周围的人的遭遇，可以看出登子这个妇人有多深的心机。

战国美女阿市坎坷一生

中外历史上，有很多王室、贵族、大臣、世家的女儿基于政治联盟或消弭战争的原因，由父兄家长做主，将之嫁到盟国、敌国，甚至异族中去。这些女子，多半美貌多才，到了夫家之后，有的亦凭其手腕，反客为主，进入权力中枢，生子之后成为皇太后或国母；有的则得到宠幸倾城倾国；当然也有不得权、不得宠，一生以泪洗面的。但，不论得意或失意，处在异国险恶的环境中求生存、求得意，都是颇费心计、煞费周章的事。这中间最费心事的，莫过于如何平衡夫家及娘家对自己的支持及重视，而不引起两个家的不满，亦不引发任何一家对自己的猜疑。战国之雄织田信长的胞妹“阿市”，便是这些事努力做得很好，却自己最后落得自杀而亡的悲剧女人。

战国之雄

十五世纪中期，室町幕府出了一个较贤明的大将军足利义尚（一四六五～一四八九），但义尚年仅二十五岁就谢世，此后历代将军皆无甚能力，而幕府内部内斗无已。是时朝廷早已被幕府架空，而幕府本身也已无能力号令天下，于是日本国成为实质上无中央政府的状态，大小诸侯互相攻伐，扩张领土，成为“战国时代”（一四七六～一六一五）。

当时，朝廷的统治权虽然已名存实亡，但各大诸侯在争霸中得意之后，所需要的仍然是上京见天皇，获得天皇形式上的封赏，才能挟天子以令诸侯。各藩地理所在不同，其带领军队上京的路程远近形势各有不同，这些都是为了上京必须要排除的困难。为了这样的考虑，尾张藩的少主织田信长也一直寻思上京之路，就在这时候，有一个大诸侯今川义元，为了要上京必须通过尾张藩的领地，乃率大军四万，准备以兵力强行借路。当时各地诸侯都看好今川军队之实力，而尾张少主织田信长素有乖僻之恶名，今川大军已到尾张边境的消息传来时，信长正张酒宴、舞猿乐。他自己作歌词，自己舞蹈，边唱：“人生五十岁，难比天地之长久，有如一场梦幻……”复唱两遍即离开酒宴，号令随从大骑，步卒二百人急奔而出，其余正规军队都闻讯才准备出发，跑得上气不接下气，在半路上追上信长。

神户市立博物馆藏
织田信长像

信长一生征战，都是自己说走就走，让军队在后追上他，稗史如此说，其性急及不耐，后来成为他致命的原因。他先到热田神宫奉纳誓愿文，此时边境的小城鹫津及丸根已被敌军攻陷，烽烟已可望见，信长到“桶狭间”附近，大声下令见敌即战，然后迫近敌营。

此时，今川义元得悉先锋已打胜仗，以为暂时无事，乃在营幕中张宴饮酒，军队亦未备战。值天降大雨，雷鸣隆隆，淹盖了兵马接近的声音，信长的军队得以长驱直入，一鼓作气，击溃了今川军队，今川义元亦在乱战中战死。

信长打败了大诸侯今川的军队，威名大震，朝廷亦派使者来敦请信长上京，为天皇修缮宫舍，于是信长侈然有天下之志。但他要去京都必须经过“越前”地区，这地方有两个诸侯朝仓氏及浅井氏。信长经过考虑决定将胞妹阿市嫁给浅井长政，以减少一个敌人，增加一个盟友。阿市原不愿嫁，对其兄说：“你不要以为把我嫁出去，我就在那边成为你的眼线，女子嫁了人，就会变成那边的人。”对此，信长说：“我一向知你心志不凡，你若能如此，我就放心了。”

阿市嫁过去，浅井长政诚恳地说：“你我虽因战略原因而结婚，但既成夫妇，愿终生珍惜缘份，做真正的夫妻。”阿市看长政温文儒雅，不像武夫，听了这话，心中感动。据传说，阿市是战国时代第一美女，她的唯一的肖像画迄今留在高野山持明寺里，其窈窕之姿令人神往。长政成长于多山的小国，幼受严父之保护，性情在某一方面比阿市还要温和。婚后夫妇散步于温泉小径，曾有一段幸福的日子。

心系娘家

但三年后（一五七〇），织田信长联合德川家康攻打朝仓义景时，长政却顺从父意，与朝仓联盟而与织田军对敌。此时，织田还以为浅井应会助己，或至少保持中立，所以孤军直入向朝仓军接近。此时，有军士送来一袋可以食用的豆子，是阿市送来“劳军”的。信长一见那袋豆子，袋口紧绑，袋底亦紧绑，立刻会意，妹妹是警告他，自己腹背皆受敌了。阿市面对胞兄可能涉险的局面，毕竟未能完全坐视不管！信长见袋，立即下令退军，幸

位于福井市北庄城遗迹的阿市夫人铜像

免一次灾难。据野史传闻，长政后来知道是妻子警告了信长，但温和的他认为妹救兄亦人之常情，一直假装不知。

三年后（一五七三），信长又整大军，攻击朝仓军，朝仓义景兵败自杀，浅井长政之父也自杀以殉故主朝仓。剩下长政处于既不能战也不能降的尴尬局面，织田信长派人到浅井领地几个小村落放火，意思是叫长政不要守城了，下来和郎舅一起打天下吧，但长政对此未作回应。此时，最难过的是阿市，她知丈夫绝非胞兄的对手，但她也知道丈夫决不会背亡父之志投降信长。最后，长政与来攻城的织田部将木下秀吉（按：即后来的丰臣秀吉）达成协议，让阿市及三个女儿回舅舅家，自己则焚城自杀，阿市一边哭喊一边被侍女抬出了烽火城廓！

枭雄面貌

疼爱胞妹阿市的织田信长，在其他方面是一个残酷寡情的人。他将自杀死亡的浅井长政的头颅骨漆成酒器，命木下秀吉以此器饮酒。秀吉为讨好主君，连饮三器大叫好酒。此时，在一旁的阿市发飙，把秀吉骂得一无是处，离座而去。秀吉的拍马屁毕竟有用，他后来积功升迁，成为织田的继承人。但信长其实也早就知道这个贫民出身的秀吉，只可叫他打仗不可叫他治天下，秀吉能夺得天下是因为信长意外早死，尚未安排后事的缘故。

信长性格暴躁，不尊敬传统及风俗，曾因京都比叡山的僧

京都本能寺山门，一五八二年六月住宿于此的织田信长遭明智光秀之叛而横死。

人不服从，即派兵火烧比叡山上寺院。比叡山在日本是百年佛教圣地，寺院烧却，举世哀恸，都诅咒信长必然无后。他曾聘用代表幕府前来谈判的使臣明智光秀，明智温文儒雅，博学多识，每见信长暴躁便婉言相劝，信长恨之，一次竟以拳头殴打明智。为此，明智怀恨在心，又见他对朝使说话刚愎无礼，心寒不已。一五八二年春夜，信长为征伐毛利藩，夜宿京都本能寺，当时他将诸将派往驻军地，身边随从只几十人，明智光秀得到消息，夜袭信长，信长死于寺内。

木下秀吉得到消息后，想到最早将明智击败为主公报仇者，必可成为残局的盟主，迅速移动军队，歼灭了明智军队。织田信长麾下的将领本以柴田胜家为首，至是失去先机，只好退而娶阿市（按：此为织田早已默许）回到自己领地。但木下东征西战扩大领土后，不但逼杀织田之两子，也不放过柴田，两人终难免对阵，而柴田在城陷之日与阿市面对面双双自杀而亡。阿市死后，木下改名丰臣秀吉，将阿市的三个女儿之长女“茶茶”取为侧室，将次女嫁给部将，将三女“阿江”（此时已有丈夫）嫁给德川家康之继承人德川秀忠。事隔多年，于一六一四年十月，丰臣秀吉已亡，其孤子丰臣秀赖，被家康父子围在大阪城内与其母“茶茶”（此时称“淀君”）一起自杀而亡，其妹“阿江”并未能救得长姐。

阿市的女儿——乱世三姐妹

在日本战国时代（一四六七～一五七〇）中，第一次以武力统一日本的“战国之雄”织田信长，有一个人称天下第一美女的胞妹名“阿市”。信长为了战略原因将这妹妹嫁给了浅井藩的少主浅井长政，但信长希望透过联姻，使浅井藩成为盟友的希望并未实现。最后双方交战，浅井长政在战败自刃前，将妻子阿市及其三个女儿送出城外，令她们投靠阿市的胞兄，三女儿的舅父织田信长。一五八二年，信长为其亲属明智光秀所弑，战乱中，阿市再嫁信长的首席部将柴田胜家。但不久，信长的另一部将丰臣秀吉与柴田胜家为争夺织田的继承权而战，柴田战败，阿市这次坚持与柴田一起自杀，两人死后三个女儿归丰臣养育。长女名“茶茶”，后来成为丰臣第二代丰臣秀赖之母，改名“淀君”。次女名“阿初”，另名“静子”，于一五八四年由丰臣秀吉作主，将她嫁给名门（也是诸侯）京极高次，她后来在三姐妹中发生举足轻重的作用。三女名“阿江”，在三姐妹中年纪最小，却最早嫁人，第一次嫁尾张大野之城主佐治一成，第二次嫁羽柴秀胜，第三次嫁了德川秀忠，三次婚姻都是丰臣秀吉所主导。但这三个姐妹的婚姻，最终皆成为左右日本局势的权力者的配偶，甚至影响当时的局势，改变了日本历史。

奈良县立美术馆藏淀殿画像

二〇一一年度的日本NHK大河剧《江，公主们的战国》就是以“阿江”为中心，展开诸侯混战、女人掌权的历史长剧。

淀君的悲剧

阿市三个女儿归丰臣秀吉保护之后，丰臣属意长女茶茶为侧室。茶茶之母阿市在世时，丰臣是一直垂涎阿市的，但阿市是主公之妹，丰臣在那个年代还只是部将之一而已。身份悬殊之外，丰臣绰号“猴子”，生得獐头鼠眼，每见阿市，阿市对他不屑一顾，他也自知癞蛤蟆不必指望天鹅肉。形势演变，他意外成为阿市三个女儿的保护人，他心猿意马，属意茶茶；茶茶起先也不喜丰臣，但毕竟在人屋檐下，终亦经不起丰臣厚脸

养源院藏德川秀忠正室崇源院（阿江）像

讨好；丰臣的计划是把茶茶的两个妹妹赶快嫁出去，孤立茶茶，才好得手。所以第一个就把才十几岁的三小姐阿江嫁给佐治一成，但不久佐治病亡后，他又将阿江嫁给自己的继承人外甥秀次，旋又收外甥为养子。但丰臣收茶茶为妾之后，生了一个儿子，秀次自知丰臣既有亲生男嗣，自己已无可能继承及其位置，开始自暴自弃，终至为丰臣所诘责而切腹自杀。此时丰臣已六十岁的人，自知日薄西山，看着尚在幼年的儿子丰臣秀赖，心中不安，又见德川家康虽然表面称臣，但城府很深，深藏莫测，为了讨好家康，又将阿江嫁给了家康之子德川秀忠。此时秀忠十七岁，阿江二十三岁而且是第三次婚姻，在后续的丰臣与德川的角力关系中，长姐茶茶做为丰臣秀赖的母亲，面对做为德川家媳妇的妹妹阿江，将会经历许多又爱姐妹，又想保护姐妹，又觉在婆家难做人的局面。而二姐阿初一直夹在长姐与三妹之间左右斡旋，成为调和日本政局的人，也算很辛苦了。

茶茶嫁丰臣秀吉为侧室，虽然得宠，但秀吉有一个糟糠之妻，此时称“北政所”，专断家事，而丰臣又是惧内之人，所以初期茶茶并不得志。但生了丰臣家唯一男嗣之后，形势渐渐改变，茶茶不把北政所看在眼里，两个女人对立的形势尖锐化。

一五九八年，丰臣秀吉病重，将后事托于重臣德川家康、前田利家及石田三成（一五六〇～一六〇〇）等人而殁。石田是死忠派，看着德川家康假情假意，实际上心怀叵测，认定德川终必不利于丰臣家，力主与德川开战。此时七岁的丰臣秀赖是丰臣家的主人，七岁儿童什么也不知，当然凡事都由茶茶（已改名为淀君）与石田商量决定。淀君原是没什么见识的人，总以为丈夫虽不在了，但许多部将皆是丈夫生前眷顾之人，必会始终支持其子秀赖。事实上形势并非如此，许多将领及诸侯已暗中与德川家康通款，以保身家，而淀君不知形势之险恶，姿态傲慢，大失人心。

如果，德川方面是由当时已袭位大将军的德川秀忠作主，秀忠或会听老婆阿江的话，善待丰臣遗族。但德川家康虽然已将“大将军”名号让给儿子秀忠，却仍掌握大权，心中早已决定必须把丰臣家灭掉，斩草除根，德川家才能长为日本霸主。

石田三成看透德川的用心，认为委屈终不能求全，主动发动战争。德川家康看石田蠢蠢欲动，故意对外说有事要离开大阪，然后率了军队就走了。石田正是等着这个机会立即发动，但德川说外面有事是假，实际上他已布好阵地，专待石田来陷入陷阱。石田一动，德川立刻回军攻击，这场仗史称“关原之战”，史家议论，这是丰臣与德川争天下的关键点。一仗打下来，石田一败涂地，切腹而亡，虽然石田再三声称此役是他个人之战，与丰田秀赖及淀君都无关系。但德川（东军）与丰臣（西军）

大阪市立博物馆藏关原合战图屏风，描绘了一六〇〇年东西军主力在关原决战的场景。

有

讲和时，约定要将大坂城周围的濠沟填平，填平之后大坂城已成为地理上毫无防卫的城了。

直到此时，淀君还以为战事结束后，德川会尊重秀赖是故主之后，不会为难。庆长七年（一六〇二），德川家康受朝廷封，任征夷大将军，遣使命丰臣秀赖到江户城来拜贺，阿江力劝乃姐命秀赖前往，以保身家，秀赖也以晚辈身份去了。德川不但以晚辈待之，且待如部属，秀赖也认了，德川见秀赖很识相，无隙可乘，就劝淀君为亡夫祈福最好修缮佛寺。这是一条很毒的计，目的在消耗大阪城内贮藏的大量黄金，使其无军需金可以打仗。天真的淀君以为这是好主意，且可借修缮佛寺重现丈夫在世时风光，她为此耗了三百万石的银子，几乎倾家荡产，而这佛寺却招来了灾祸。

火烧大阪城

大佛寺修好，大钟也吊上去了，钟铭是“国家安康”，由望重内外的书法家写的字。但诸事妥当之后，德川家康却派使者来责备，这“国家安康”是将他的名字“家康”，从中切成两半了。大坂方面大惊，派人谢罪，立刻换铭，但家康不肯干休，要求秀赖须移封到伊势地方，或淀君要到江户城来当人质。大阪城是丰臣秀吉营造的根据地，离开大阪城到伊势，是淀君绝不接受的。虽然淀君两个妹妹都劝姐姐暂时忍耐，等待家康死后再说，但淀君不肯，往来谈判终无结果。家康心中暗喜，终于有借口可以把丰臣家消灭了。

多年前，丰臣家势力还超越德川时，德川家康曾将孙女千姬嫁给秀赖，当时少年夫妻年龄尚在十岁左右，谈不上夫妇关系，况且淀君不把千姬当媳妇，而把她当人质，将之隔离在城中另一角落。据野史稗官之言，秀赖稍长，想走访千姬，侍婢居然就要去向淀君请示可否，当时秀赖大怒，喝叱："丈夫要去找妻子，有什么好请示的！"

大阪城公园中丰臣秀赖和淀殿自尽地的纪念石碑

战争自始就是一面倒的形势，眼看大阪城不保，丰臣的重臣大野治长，将千姬送出城外，希望千姬能回到娘家去为淀君母子求情活命。淀君的二妹阿初（后来称"常高院"）也奔走于两军之间，并力劝淀君接受德川条件暂时忍耐。但所有的请愿、求情，都在德川家康坚持为了德川家的未来必须消灭丰臣后代的想法而无效。"大阪夏之阵"及"大阪冬之阵"二次战役打下来，大阪城已经着火燃烧，淀君与秀赖双双在武士环绕中饮刃自尽，死在猛火中。淀君的两个妹妹遥遥看着大阪城为冲天的烽火所吞噬，呜咽不止，时为日本元和元年（一六一五）五月四日。

大阪城天守阁藏大坂夏之阵屏风右支

女教徒细川葛拉西雅

旅游家马可波罗（Marco Polo，一二五四～一三二四）在其著作《马可波罗游记》中除了急于写元代中国的富庶神奇外，有一段谈到日本的地方，说日本是“充斥金银财宝的天赐福运之地”。这些传说在欧洲传开之后，引起了欧洲航海家纷纷前来东亚探险，他们于十五、十六世纪之间来到印度，登陆菲律宾，登陆中国澳门，也来到日本的长崎、平户、堺港。来到的人除了贸易商人之外，也有荷兰的医生，更有基督教的传教士。织田信长容许“南蛮人”传教之后，基督教渐渐在日本低层阶级中得到信徒，因为当时来自欧洲的船都绕经南洋到日本，日本称那些船为“南蛮船”，那些人为“南蛮人”，基督教会堂为“南蛮庙”。传教虽然经过许可，但信教的人通常偷偷摸摸，不敢公开承认，那第一个以贵族身份而承认信教的人，是诸侯细川幽斋的媳妇阿玉。

阿　玉

阿玉是明智光秀的女儿，自幼受良好教育，和汉诗文均能朗朗上口。

当时正想有所作为的织田信长，为了增加盟国，怂恿部将明智光秀把女儿嫁给当时有“学养日本第一”之称的细川幽斋之子细川忠兴。阿玉以十六岁之弱龄嫁给同年龄的细川忠兴，本来不情愿结婚的忠兴一见阿玉之美，就热烈爱上这个妻子。但不久明智光秀在本能寺攻杀织田信长，旋又被木下秀吉所攻杀，阿玉蒙上“叛将之女”的恶名，其本人固然难过，其丈夫忠兴尤其难以做人。忠兴在压力之下把妻子送到一个山野荒凉之地隐居，算是已与妻子分居，希望事情能渐渐淡化。但细川藩有些“嫉恶如仇”的武士，竟聚集约四十个人来到其隐居之地，要求阿玉为了夫家的令名自杀。阿玉是一个意志坚决的女子，反问：“尔等此来，可是奉主人之命来的吗？”这些武士原不是奉命来的，不敢回答，阿玉见状冷然说：“我是不会自杀的，你们希望我死，只好动手杀我！”武士见其威严如昔，只好退去。

此事之后，阿玉好几日非常难过，常常以泪洗面，她身边有一侍女，有一天突然小声对她说：“在这世上受苦，是为了累积上天之宝。”“此话何来？”“是基督教会里的宣教师说的！”

阿玉开始认真体会这句话，在侍女的引介下她见到神父，受洗后成为基督徒，但她的苦难刚刚开始。

礼毕匕首见

织田信长死后，织田麾下的诸将争战不休，争夺龙头地位，重新洗牌后，木下秀吉成为织田的继承人，并改名为丰臣秀吉，受朝廷之封爵，自称“太阁殿下”。丰臣听到细川忠兴与妻分居的消息，表面上装大方，“赐尔妻无罪，应恢复夫妻同居”。忠兴得令将妻子接回来，但他心中实有更大的不安，因为丰臣以好色闻名，集大权于一身之后常常召见诸侯的妻室，软硬兼

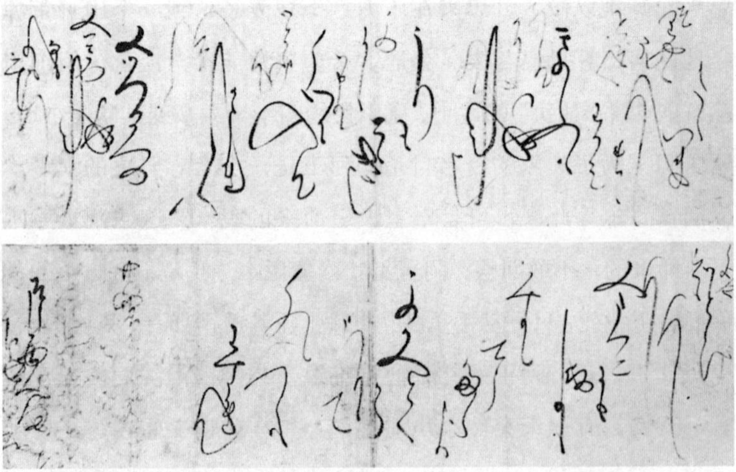

细川葛拉西雅的信，是把一张横长的纸对折后写的漂亮的散书。散书是好像写和歌短册一样，字距行距时宽时窄，每行时长时短，墨色时浓时淡，笔道时粗时细的日本式书写式样。

福井市明智神社中的葛拉西雅诞生地纪念碑

施，淫人之妻毫不惭愧，阿玉知丈夫担心的是这件事，对丈夫说，在我身上这事绝不可能发生！

果然，丰臣派使者来召见细川夫人，夫人一点都不慌张，打扮整齐，便入大阪城谒见丰臣。丰臣见她来堆下满脸笑容，直说不必多礼！但夫人从容跪坐，深深一礼，抬头时只见一把匕首从怀中掉了下来，夫人不疾不徐地伸手拾起匕首，慢慢放回怀中，然后一声“告辞”走了出去，丰臣看得目瞪口呆，此后未再召见细川夫人！

夫妻之间

细川夫人与丈夫之间还有一场战争要打，那是信仰之战。

忠兴虽庆幸妻子平安回来，但妻子得罪了丰臣的事情一旦传开，忠兴很怕丰臣会找题目为难他。而信基督教是一件可大可小的题目！他想必须让妻子放弃基督教，但这事已经争论多次迄无结果。一日忠兴横了心，持剑抵住妻子的咽喉，问："是要信教，还是要命？"夫人神色镇定，反而将咽喉送上来，深邃的眼神一直看着丈夫，忠兴受不了了，大声问："到底怎样？"夫人徐徐地说："我为信教，死可无悔，但良人为了怕丰臣而杀我，不知也能无悔乎？"忠兴长叹一声，放下了剑，急步而去。

忠兴心中还有一丝不甘，就是觉得妻子爱基督教甚于爱自己，世上怎会有这样的教，令人信到这个地步！他做出各种挣扎，想把妻子从基督教那边抢回来。但他愈和妻子多谈教义，就愈觉得那教义有一种以前没有想到的神秘。他为了打开谈话的范围，把自己半生所见所闻的世界告诉阿玉：地球上有欧洲、美洲，那是基督教来自的地方；但那地方据说有文明、文化、文学、科学、诗歌、男女交游的风俗……他的意思想告诉妻子，世上可欣赏、喜欢的事情很多，不必要执着于一种宗教。阿玉很喜欢听丈夫叙述这些外面的事情，但世界的多样及复杂，似乎并不能使"信上帝"这件事变得"无趣"。夫妇不断地讨论宗教的价值及世俗知识的价值过程中，忠兴一直无法理解妻子为何能那样坚决、那么崇高地相信"神"或任何理念，但在一旁看着这对夫妇的忠兴之弟兴元，却不知不觉受到了嫂嫂的影响，变成了基督徒。对此忠兴之父只说："你们随自己所相信的去相信吧。"这个态度在当时的日本贵族世家里，是很难得的。

佳人之死

一五九八年，君临天下，享尽富贵的丰臣秀吉去世，留下了五岁的孤儿丰臣秀赖及其不大懂事的母亲淀君。一直伪装臣服于丰臣的德川家康，开始借各种名义东征西讨，肆意支配攻下来的领土。丰臣麾下的诸侯都密切注意丰臣及德川两阵营的势力消长，怀抱着择“优”而仕的心情。丰臣的股肱之臣石田三成力主与德川开战，打了几次仗，丰臣节节败退，秀赖已从“天下之共主”降为一般诸侯。而最后一仗眼看就要开打，石田要求凡是丰臣累世之臣，应将妻子送入大坂城内做为人质，以示没有贰心。

细川藩是一向与德川交好的，忠兴已经准备带领军队去参加德川阵营，但他家居大坂附近，无法举家迁走。此时阿玉已有两女，长女十一岁，次女两岁，她自知不理石田之要求，不迁入大坂城做人质终究是不可能

大阪崇禅寺中的葛拉西雅之墓

的。但她事奉上帝，蔑视人间争战，已对丈夫许诺决不妥协，基督教是禁止信徒自杀的，忠兴也已有所安排。

忠兴留下其平日最信任的部属小笠原，嘱咐他："一旦有事，要迅速解决。"言罢，挥泪而去。

石田派一向与细川家有联络的尼姑来放话："请夫人来见秀赖，以表臣礼，我们也会以礼相待。"夫人叫尼姑回覆："奉主人命，须坚守家园。"但石田一再派人来催逼，眼看战火也已燃烧到大阪了。小笠原对夫人说："奉主人命，只好拒绝到底！"于是夫人穿上礼服，施粉、戴冠，叫小笠原："可以了。"此时夫人站在屏风之后，小笠原在屏风那边，抄下长枪，一声："属下放肆了！"长枪刺穿屏风，夫人将咽喉迎上枪刃，一代佳人流血而亡，时惟一六〇〇年夏六月。

翌晨，奥刚狄诺神父，带着骨灰坛来收阿玉的骨灰及遗物。神父在教堂里为阿玉举行庄严的葬礼，教堂周围点满蜡烛，坛上写上阿玉的法名"葛拉西雅"（Gracia，意谓感谢天主之恩）。从此史册上称她为"细川葛拉西雅"，是第一个日本女人而有拉丁名。

幕府女强人——“春日局”

日本最后的幕府政权开启于德川家康拜征夷大将军之一六〇三年，结束于德川庆喜奉还政权于朝廷之一八六七年，历十五代，共二百六十五年，史称“江户幕府”，亦称“德川幕府”。这时代的特点是日本在威权统治及锁国政策下，获得两百余年的大体上的安定，但也在封闭中，失去了参加海外殖民的机会，以致一时成为落后于欧美列强的小国。

在十五代世袭将军中，有两人一般都称为“英主”：第一人是德川家康之嫡孙，德川秀忠之嫡男德川家光（第三代）；第二人是第八代将军德川吉宗。春日局，是家光的乳母，镇坐幕府“大奥”（后宫）四十年，权倾内外，敢作敢当，完全符合“女强人”这种后世的称谓。她，原名叫“阿福”，是齐藤助利之女。

可怜的阿福

齐藤原是美浓藩主土岐氏之家宰，后来主人为属下弑杀，齐藤出奔，侧身于明智光秀麾下。明智杀织田信长，与木下秀吉对阵而败亡，齐藤亦受诛，阿福一时惶惶不可终日。阿福曾患天然痘，是麻脸，当然不是美女，其姐却是美人，早早就嫁了，嫁的是佐渡太守稻叶正成，是母方的亲戚，但姐姐生了两个儿子后一病而亡。母亲看着始终嫁不出去的次女，头脑一转，就把她嫁给姐夫，算是姐亡妹继，稻叶因为是再婚，又是岳母作主，勉强接受。

阿福新婚不久，发现丈夫身边四个妾，个个都比自己漂亮，个个都比自己得宠。一年后，她生了一个小孩，心中略感安慰时，目睹一妾极其狐媚的样子，无法忍耐，将妾打死，丢下未满一个月的孩子离家出走！她回到娘家，每天无所事事。忽一日在街头看到告示，原来大将军德川秀忠生了嫡子，征求乳母，她向来胸厚乳大，生子未满一月，乳汁正多，立即应征，而且获得入选。她是中级贵族之女，官员之妻，身份没有问题，曾经杀妾，她也承认，但她大声批判妾之狐媚及无礼，连征人的官员都为之捧腹，立即将她带回江户城。

她第一次看到竹千代（后来的德川家光）时，想起自己抛弃在夫家的儿子，心中激动，用力抱了小孩，竹千代之母阿江见之，认为阿福必会疼她的儿子，安心把小孩交给她。从此阿福以疼惜自己儿子的热情，照顾这个小孩，后来感到自己在“大奥”之内，形势太孤单，把自己的儿子也接进来做竹千代的伴读，又把丈夫叫进来，一起侍候小主人。竹千代之后，阿江又生了次男，取名“国松”。

力护幼主

竹千代，心志尚武，读书甚慢，容貌没有乃弟国松英俊，性情也没有国松温顺。渐渐地，秀忠夫妇都比较偏爱国松，臣属们见主人脸色说话，纷纷赞美国松的聪明伶俐。竹千代愈来愈孤僻，而到了青春期，也不接近女色，而偏爱姣童，阿福百

麟祥院藏春日局阿福画像

般逗他亲近女子，他就是不肯。在十几年的时间里，阿福的羽翼已成，情报网也已建立，她已颇能掌握后宫的情势，但就是无法使将军夫妇，明白声明将军之位将来由谁继承。她看出再等下去，国松会脱颖而出，毅然决定要走访竹千代之祖父德川家康。家康已于多年前将大将军之位交由儿子秀忠继承，自己则离开江户城，居滨松城，优游岁月，另一方面还常牵制儿子，要他照自己的意思施政。阿福悄悄走访家康，告以秀忠有意传位国松，家康唯颔首告以稍安勿躁。

数日后，家康以狩猎顺道来访为名，来到江户城，在城中饮酒作乐。家康交出“大将军”之衔之后，自称“大御所”，暗比太上皇，秀忠虽践大将军位，但在老爸面前始终抬不起头。家康叫孙子竹千代过来坐在旁边，国松看到也走了过来，想挤到爷爷的另一边。这时家康制止国松：“这位子是大将军坐的，你将来要成为你哥哥竹千代的臣属，不能坐这个位子。”国松不情愿地退了回去，坐在一旁的秀忠夫妇脸色铁青，不敢说话。他们这才想到，家康此来是来决定第三代继承人的，他们瞟了坐在末座的阿福，阿福若无其事。

群臣知道家康的意思，都转而奉承竹千代及阿福，阿福此时不但已成为“大奥”主宰者，也因人人都知她会成为第三代将军的左右手，都来巴结她。

觐见天皇

大将军学习过去权臣将女儿嫁给皇家，成为外戚的先例，将女儿嫁给当时的“后水尾天皇”为皇后。皇后迟迟未生男子，却生了一个公主，秀忠嫁女之意本就希望能为未来皇帝的外祖父。眼看皇子迟迟不来，心想历史上皇女继位为女帝者也不乏其例，何不如法泡制。后水尾天皇知道秀忠的心事，屡次欲退位，皆为

增上寺藏三代将军德川家光画像

大臣所阻。无法再等待的秀忠，于是派阿福到京都去求见天皇“疏通”此事，朝廷之例，无官位者，不得见天皇。而阿福在将军府做乳母，在朝廷眼中，属于无职者，为克服这层困难，阿福认朝廷某大臣为义兄，以大臣义妹的身份觐见天皇。她委婉表达将军之意，以优厚的条件（包括送未来上皇金银等），劝退后水尾，事毕之后，还蒙天皇赐封为“春日局”，“局”是女官官位。从此以后，江户城内所有人，皆尊称她为“春日局”。其实天皇封她官位，只是为了不愿留下曾经见过无官女人的纪录。

竹千代正式被指定为继承人，后来也正式继承为第三代将军之后，阿福对国松及国松之弟忠长的监视并未放松。忠长后来忤逆了乃父秀忠而被监禁，臣下无人敢发言为他缓颊，咸认为是无人敢去得罪阿福。秀忠死后，忠长两度被放逐监禁，最后自杀而亡，表面上兄弟相克的背后，似有阿福的用意在。

强取神女

后宫竞争的第一线是：谁推荐的女子若能因侍寝而生下大将军之子，谁就有出头的机会。阿福天天都为此到处物色美女，但将军家光即位后，仍然天天只与美少年在一起。

一日，伊势神宫（奉祀日本开国神祇天照大神之神宫）之神女庆光院，为了报告院主继承始末来见家光，庆光院是宰相六条有纯之女，十七岁。享有“庆光院”这等院号的神女，通常是第一级贵族或皇族之女，宣誓过终生为神女，每日过着斋居素食的生活，其身份十分神圣。但家光见过此女后，却发疯似地对阿福说他要这女子做他的侧室，寻常状况下，属下会力劝主人不要有此企图，因为这是很逾越常规、不好看的事情。但心中只知有家光的阿福，竟真的把庆光院关在城中不让她出去，之后逼她还俗，留长发、侍寝。这个女子后来成为侧室，阿福却又担心将军之传人，不应是公卿之女的腹中子，为此一直让她服避孕药。这位后来称“万之方”的侧室，果然终生没有生小孩。阿福是武士之女，她始终坚持，武士之女才可以生将军的传人。当时的日本，朝廷的大臣称公卿，幕府的臣属称武家，两者互相猜忌，但有时也互相利用。

阿福活到六十五岁，因病而亡，当时家光才四十岁，哀恸如丧亲母。实际上，家光的亲母秀忠夫人偏爱国松，家光一生未得母爱，却在阿福的呵护及约束中感受到母爱。据说，阿福生病时，医师及看护围着她，每天开出许多药方，煮了许多药要她服用，阿福统统倒掉不服。因为早年家光患天然痘时，她曾经向神祈祷，若让家光服药而愈，她自己愿终生不服药，因此她坚守对神的诺言，终生不曾服药！“春日局”这名词，后来在日本成为女强人的代名词。

舞伎阿国之恋

日本京畿地方的卖艺人，不论唱歌的、演戏的、杂耍的，都到四条河原来搭木屋，或露天表演，收取些费用糊口，因此这地方以热闹的娱乐场出名。但在这里表演的艺人却是有一搭没一搭地辛苦度日，因为下雨不能营业，吹风不好营业，官方有事随时禁止营业。发生了什么骚动打架也遭查禁，内容违背“善良风俗”也遭查禁之外，帐篷木屋、舞台装置也会被没数，而女艺人露臂，可露到几寸，全由官方自由心证。这行业，真是朝不保夕，这还是德川家康刚统一日本，统治的势力尚不十分强大的天正、庆长（一六〇〇）年间的事。后来根本就以“风化”为借口，禁绝女性艺人公演了。

就在这个夹缝年代里，四条河原的杂草地上有一个木屋，木屋屋顶上插了一面旗帜，上书“天下一阿国歌舞伎”。阿国，从十几岁就跟着歌舞班到处流浪演出，备尝辛苦，十几年来在

松浦屏风，图上生动地描绘了安土桃山——江户初期年轻女子的衣装风俗。

河原庶民观众之间也建立了一点声望，“天下一”（天下第一）的旗帜，虽有些夸张，并非毫无根据。阿国出生于日本本州西南的出云山区，山峦蜿蜒，中间有斐伊川贯穿其间，这地方是日本开国神话中的“日本武尊”杀死大蛇之地。“出云大社”是奉祀日本开国神祇的神殿，山与云与河川构成一片透着神秘的景色，阿国曾经是出云大社的巫女。她的父亲是在斐伊川上流淘铁砂的工人，阿国幼年时也在川上汲水，终日在河边岩石上跳来跳去，汲水、提水、转身，又跃到沙洲，不知不觉练成了那轻灵舞蹈与巧妙摆腰的基础。她十一岁时就跟着父亲在无铁砂可淘时，到周边神社寺庙表演“念佛舞”，娱乐来寺进香的人，赚取一点赏赐。数年后，她嫁了一个会打鼓的丈夫，奠定了以鼓声节制舞步的基础，但似乎不久就与丈夫分离，单身带几个女艺人来到四条河原搭木屋，表演歌舞，从此时开始，人人称这唱舞为“歌舞伎”。

事实上，河原上的表演业很不稳定，停演时艺人都纷纷打零工以糊口，而女艺人的零工则是卖身。平日，男人来到这繁华地兼风化区，有的是为了看戏，有的是为了找妓女，这些男人是支持河原繁荣的部分经济来源。传说阿国本人，后来的情夫也是透过卖身认识的。和别人不一样的是阿国不管做什么，心中始终有一股热情和憧憬，要以舞艺立身问世。

舞伎之心

“阿国歌舞伎团”偶尔也有丰收的季节，大拜拜时、过年时，有那大官贵人或豪门巨贾会差人来约她们到府邸去表演。到豪邸去表演，赏赐多，赐膳也可吃到鱼、肉、海苔等平日无缘吃到的珍味，团员都很高兴到豪邸表演。但阿国却看到，也知道，这些人其实瞧不起她们，他们以上等人的姿态，看着这群“乞食艺人”耍宝、逗笑，看过后有时候连一句“演得很好”的客套话都不说，赐钱、赐膳有如施舍，让她们就坐在地上吃饭。但河原木屋里的观众就不一样，他们从薄薄的口袋里掏出五文钱买票进场，看戏时候的热情、狂欢，看阿国出舞时的崇拜的眼神，使阿国陶醉、忘我。阿国觉得这些人才是真正的看戏人，是知音，因此她宁愿在河原表演，如果钱够用的话，也可不必上豪邸去低声下气，但钱是常常不够用的。话说回来大官如果看了之后对她们有些许好感，也会有保护作用，让她们不受吏役之凌辱。

在她三十一岁的时候，她两度得到皇妃及皇太后的召见，入宫表演。这两次，阿国站在桧木架建的舞台上使出浑身解数舞得淋漓尽致后，在皇妃面前哭得喘不过气。她太兴奋、太高兴，在桧木舞台上表演，是她一生追求的目标，她没想到可能达到。“桧木舞台”在日语中除了表示以桧木架构的舞台之外，也表示艺人达到顶峰的荣誉。皇妃温颜嘉勉，使她觉得，她就此死去也无遗憾了。

京都市东山区的出云阿国雕像

她会想到死，另有原因。十多年前，她已单身跑江湖时，遇到了一个吹笛的男人，名叫“名古屋山三郎”。山三郎是世家子，原是武士身份，但后来失业落魄，沦落到在繁华街徘徊，吹笛子自娱。阿国第一次听到他的笛声，如受重击，俄而见那人向她走来，笛子声拍节清楚有不可抗拒之魔力，她不自觉随着笛音踏步、旋转，舞了起来。这是命运的邂逅，从此两人成为公开的情人，到处一起走，一起表演。他的笛音和她的舞步，天衣无缝，成为“阿国歌舞伎”的卖座节目。她失去了前夫的鼓声之后，得到了笛音，使她的舞艺更精进、更有意涵、更完美、更轰动，日本史上的“歌舞伎”此时正一步步走向完成之路。

但是经过十几年的相处、相得、相知，及艺能上的天衣无缝的合作之后，山三郎不告而别，留下伤心的阿国。阿国没有哭、

德川美术馆藏《丰国祭礼图屏风》，在十六世纪末十七世纪初，虽然说日本武家统一政权在形式上得以维持，但是政情不稳，战争的阴影依然笼罩在人们心中，在不知道明天是生是死的时间，人们倾其气力，恣意狂欢，这幅屏风就体现了人们的这种心理状况，同样这也是歌舞伎文化诞生的土壤。

没有派人到处找他，也没有怨他薄幸，因为她明白，他可能是又找到工作了。

从数年前，阿国每次接到大官贵人之约，上豪邸表演时，她就发觉，平日静默寡言，有些高傲的山三郎一见到高阶武士，就姿势很低，多有讨好的言语。她心知山三郎是在寻找人脉，希望寻到工作，恢复武士身份，他绝不会是能在戏班里吹笛子过一辈子的人。她早明白，终有一日他会离开她，只是没想到会离开得如此突然、断然，未留下一句话。

当然，山三郎是不会带她一起走的，一个体面的武士怎能带一个舞伎去履任新职？其实，即使山三郎开口要她同行，她也不会答应的，她虽爱他，但她更爱跳舞，更存心要完成“歌舞伎”。她是天生的舞者，如果当年有“艺术家”这种名称，她一定自认为是艺术家。

四条河原，愈来愈成为京城游艺、演艺的中心。在这里“阿国歌舞伎”是一枝独秀的演艺，其所以一枝独秀乃因有阿国这位天才艺人，每天，许多戏迷来到这里要瞻仰那远近闻名的“出云的阿国”。但有一天，歌舞进行了很久，始终看不到阿国出来，观众开始焦躁，有人开始喊：“怎么阿国还不出来？”

此情绵绵，此戏绵绵

终于有一个看似武士打扮的男主角出来，年轻武士穿蓝色

阿国歌舞伎草子，表现了初期歌舞伎表演的场景。

衣服，胸前绣一朵黄色菊花、一枝白色梅枝，套上一件朱色上衣，腰间插一把刀。啊，这武士好帅！但有人看出那武士胸前太丰满了。“是个女人扮的！”“是阿国！”全场哄然鼓掌，再没想到阿国会扮成一个武士走出来！好妖艳的武士！比男人扮的男人更纤细，比女人扮的女人更艳丽！世上不可能有这样美的女人，世上也不可能有这么帅的男人。但看过山三郎的人都慢慢发现，那装扮、那姿势，是山三郎的姿势！原来，她找不到山三郎，自己“化”成了山三郎！情至此，你我已不分了！她便自己与情人“合体”。

别的戏班，很快就抄袭这女扮男装的做法，但没有人能扮得像阿国那么妖艳、那么魅人。

今日的歌舞伎，是以男人扮女角，这是德川幕府中期以后，为了“导正风俗”禁绝了女人演戏、舞蹈的结果。这“乾旦”的出现其实也是阿国的“坤生”启发出来的！阿国可以无憾，歌舞伎可以无憾。她以一介乡下姑娘，混迹江湖，乃至有时也涉入风尘，却凭一念之坚持及对舞剧之才华，成为日本歌舞伎之创始人，可说是世界演艺史上的奇迹。

汉诗传情十九年——赖山阳与细香

日本文化十年（一八一三）岁暮，大垣藩（藩是诸侯国之意）的官医，也是当时修习荷兰医学的权威兰齐，在家接待一位来自京都的客人，这个客人是有名的汉学家赖山阳（一七八〇～一八三〇）。兰齐与来客叙话时感到对方文质彬彬，颇有见识，就叫长女多保出来，陪客人说话。山阳一见多保，为其气质所吸引，注目看多保，多保也不闪避视线，两人视线相接，互有感觉。当时山阳三十四岁；多保二十七岁，未婚，笔名细香，擅长写汉诗，两人从此成为师徒，不断互赠汉诗，历十九年。

赖山阳与日本外史

山阳之父赖春水是广岛藩的儒官，曾在广岛的江户昌平黉担任教师。但山阳自幼患躁郁症，时而忧郁自闭，时而放荡轻躁，家人奈何不得。乃于他二十岁就替他完婚，娶了才十五岁的女子阿淳，希望婚后或能健康些。但山阳于完婚后一年，即脱离藩职，离家出走，阿淳亦于此时返回娘家生下一男后即别嫁了。脱离藩职出走在当时是极严重的行为，藩主令派人追踪，如果追到可以格杀勿论，多亏老父求情，乃只追回禁闭而未当场格杀。

在禁闭期间，山阳心念转到要写一本史书的念头，开始构想，他虽有病，自幼狂狷，心中亦怀壮志。曾于十三岁时作汉诗："春秋十有三，逝者已如水。天地无始终，人生有生死。但得类古人，千载列青史。"

他曾熟读德川光国所撰《大日本史》，认同其"大义名分"（正统），又继之披阅司马迁《史记》中的"世家"、"列传"等内容，决定要以诗人之心、史家之笔，描绘源平以来到德川时代的权门豪杰、氏族兴衰，不写编年史而采传记体。《日本外史》前后费二十五年，于一八二七年山阳四十八岁时完成。他自己很高兴，也很感慨，写诗明志，诗曰："二十余年吾书成，书前酹酒一把须。此中几个英雄汉，不悉谅得吾曲笔。"谓"曲笔"是自谦，因为他表面上以传记体写世家列传，实际上文中颇多对人物的月旦评论，文字犀利，褒贬随性，大概也有些以《春秋》自居吧。

汉诗诉情

山阳在江马兰齐家中见到其女细香时，已离婚多年，被幽

帆足杏雨作赖山阳像，山阳名襄，字子成，别号三十六峰外史，广岛藩儒赖春水之子。其著作《日本外史》、《日本政记》鼓吹尊王思想，对幕末政治运动影响很深。

禁三年后，在京都以自由身自行设塾授徒，文名日盛。兰齐让女儿见到山阳，意中实希望将这个才华很高，但已过适婚年龄的女儿嫁个才子，而这个首次的会面在兰齐眼中是觉得颇有希望的。可惜这个愿望经过十九年，到山阳于五十三岁时去世，都未能实现，也太让老父失望。究其原因，可能是细香与山阳虽同是文人，同样写汉诗，两人对人生的体会是不大一样的。

细香是富家女，可能终生未曾操劳家事，山阳经营一个私塾，每月束脩有限，还要奉养父母。父母看着曾经患过躁郁症的儿子，莫非也希望他娶个普通干练而能操劳的媳妇？则细香要嫁山阳障碍是很大的，但只知作诗恋爱的细香并未考虑到这些问题。

江马家在京都也拥有别墅，自细香认识山阳后，她曾在两年之内，七度上京住在别墅，并与山阳见面。第一次是她接到山阳来信："去冬邂逅，诚协余之怀，但别离怅然，极盼再能见面，闻仲春将上京，见面之乐可期……"他们于二月见面，相偕游岚山赏樱，细香作诗："不恨看花早三日，满枝开花醉人多……"意思说，虽然来早了，樱花未开也不足恨，因为等花开了，这地方就有太多喝醉酒的人。几日后，山阳邀旧识到自宅赏花亦邀细香，来帖上写："一日三秋之思，不知起居如何……"单纯的细香得信即往，心中充满喜悦。但日子一年一年地过去，山阳始终未提起婚事。事实上，两人表面上仍维持师徒的称呼，细香也常写诗稿给山阳，请他批评斧正，山阳也不客气地删改她的诗稿。而在这中间，山阳为衣食之资到处奔波，也在母亲安排下，娶了一个勤劳的女子梨影而生子了。

细香似乎知道山阳家中进来了一个亦婢亦妾的女子，但并不细问，山阳在信中有时也提到梨影帮忙侍候老母，但细香仍未警觉到事情不是想像中那么乐观。她在认识山阳的第十三年，年已三十八岁，曾写诗送山阳曰："旧观一梦十三年。"暗示她也渐渐老了。

山阳似已知道以自己的生活状态，无法娶一个陶醉在诗词歌赋中的大家闺秀，但他又舍不得和这个"女弟子"断绝关系，书信与诗稿的往来一直继续。渐渐的山阳在信中也写些自己家

江户时代妇女使用的梳子，有龟甲、莳绘、象牙、玻璃制者，多彩多样。

居的情形，细香也慢慢理解“恩师”家中是有妻子的，但两人的情感似乎超越这些“俗事”，而仍然真挚。后来山阳带着妻子及八岁的儿子陪细香同游岚山，细香作诗：“十五年前同醉地，一溪犹作旧时声。”又写：“即今鬓上无多绿，却忆溪亭闲梦时。”据后人中村真一郎为山阳写的小传《赖山阳及其时代》中透露，山阳曾向友人说，这“闲梦”二字易招误会。山阳曾与细香亲密是事实，何得谓“误会”？即使是大史学家如山阳，也有敢做而怕人知道的事，细香若知道其情何以堪！

一八二七年游罢岚山，山阳与细香话别，山阳赋诗：“将欲看花君恰来，相携明日即佳期，满怀喜气眠难着，起见春星带屋垂。”这诗多少显得牵强。但细香的诗则直话直说：“弥房弄笔岁多移，一误生涯何可追。聊喜清贞与渠似，幽兰秀竹写寒姿。”她至此也悟到“一误生涯何可追”，但美人实已迟暮了，这是她最后一次与山阳言别。

“病状似先师”

天保三年九月十三日，山阳的咯血症恶化，长期的生活负担，及写作《日本外史》的辛劳使他心身俱疲，以五十三岁之年与世长辞。细香活到一八六一年，享年七十五岁，病中遗言：“只怜病状似先师。”先师指的当然是山阳，她至死还以与先师同样病情而自我安慰，其为情真的很深了。

赖山阳与江马细香长达十九年的恋情及书信往来，有几个特色。第一，赖山阳是日本史上杰出的史学家，其所著《日本外史》，是日本史书史上的杰作，至今部分内容尚常常被收入大学史学系的课本里，也是研究历史者必读之书。江马细香自幼修习汉文，长而擅长汉诗，其与山阳十九年的情史中，两人往来汉诗多达两百余首，成为文学史上的佳话，其“才子佳人”之间的情意至死不减，传诵后世。

第二，两人往来数年后就已知道无法结婚，但在没有婚姻关系的状态下，两人仍维持其诉情关系。就山阳而言，他生活困苦，需要这个红粉知己来安慰他，使他有游心俗外的园地，以便继续写作。就细香而言，她知山阳家里有“世话女房”（持家的妻子），但她心中明白，她需要，也能提供山阳家居生活

东京国立博物馆藏《高雄观枫图屏风》中描绘了近世女子携子和亲友在树下欢谈的情景。

以外的灵感生活。在这后期十年间，山阳的家族及细香的家族，都知道他们两人的关系，但并无人提出异议，才使他们两人能维持关系那么久。这在当时的日本社会而言，可说是创造了一种非常特别的男女关系的文化，这种多元化，在大约同时的欧洲上流社会里，证明是可喜的文化，也是较为成熟(sophisticated)的社会可拥有的。

兼好法师的女性观

《徒然草》是日本中世纪的名作，论无常、论道、论女人、论恋爱、论人心、论情感、论世态、论文艺、写故事……日本人将之与法国蒙田的“随笔”及巴上噶的人性观察相提并论。但《徒然草》在意态上是和前述两书不一样的，它的语态率性，观点犀利而另类，意念归于无常而肯定情的价值，语调近乎清少纳言的《枕草子》而意识更加颓废、唯美。书名《徒然草》因开头坦言：“徒然（无所为）而执笔为文……”徒然者知其无用也，而仍为之，意冷而心尚悬于人间事也，书之可贵在这些矛盾之中。

《徒然草》

《徒然草》的作者俗名不部兼好，其先世为神社之神官，

镰仓时代的《玄奘三藏绘卷》

这种家世的人，虽不能出将入相，但可在大臣之家成为“清客”，无非文墨函牍之事，吟风弄月之游。而兼好自幼有文名，长大后在南北朝动乱中成为当代和歌大派“二条派”中的四天王之一，对于这些事，他优为之，也乐为之，也曾走过了一段才子风流的时光。由于他的本家堀河家有女嫁为“后宇多天皇”之妃，又生了太子，即位为“后二条天皇”，兼好也被选为六个“藏人”

（秘书）之一，常侍天皇左右，此时他才十九岁。在《徒然草》中，他回忆这段时日：“九重不习世事，性优雅，每日在露台、朝饷、殿门觐见……”天皇是美少年，但健康欠佳，二十四岁而崩，当时兼好二十六岁，后来兼好于二十九岁时受戒出家，称兼好法师。

镰仓时代的女子所用怀中铜镜，上刻有日月星辰龙等模样。

当年的日本贵族或士大夫出家是常见的事，但出家并不意味从此与世俗绝缘。相反的，出家后，会更受世人尊敬，可以优游于风花雪月，也可与达官贵人交游，或为豪门清客、西席，贵人也以聘出家人为顾问、家宰或家庭教师为风雅之事。兼好在出家后，也曾为相国之家宰，且应当时举足轻重的武士团统领高师直之求，代写情书，这封情书是用来送给绝世艳妇，盐冶判官之妻“颜世御前”的。据传说，颜世为逃避高师直的纠缠，乃随夫逃亡，却于路上被追手包围，只好请族人将她刺杀，这是一段未经证实却尽人皆知的传说。而重要的是兼好所代笔的这封情书，始终无人看到过，迄今学者多方追踪，不见情书，其所以大家要多方追踪，乃因后来兼好写《徒然草》书中有一大部分提出对女人及恋爱很不寻常的看法。这样的人当年竟为一个权力者，代写一封任谁都觉得不道德的、勾引人妻的情书，其情书到底怎样写，令人非常好奇，也足以拿来对照其《徒然草》中高蹈的理论。

相思何必相见

《徒然草》中有几句话，是很不寻常的，可是作者兼好法师并非存心作惊人之语，而是透过惊人之语表达男女关系之微妙处。譬如他说："妻子者，男人之最不可有之物也。"（书中第一九〇段）他认为"独居男人令人感觉别具胸怀"；相对的，营营苟苟去找个富有的岳父或找一个好像很不得了的女人结婚，真是俗气。不久，又生小孩，天天忙着照顾小孩，这真令人厌烦。再漂亮的女人，如果天天在一起，也必然无趣，女人至此明知不为丈夫所喜，却也无勇气离开，真是情何以堪！还有一种男女，本不相识，仅凭媒人几句话就结婚了，这种夫妇长夜漫漫有什么话可说呢？总是在婚前曾有一段苦恋的经过，婚后才有话可说吧？

兼好法师赞成男女互相追求、想法子求得片刻欢会。片刻欢会是"好色"的必然，因为"不好色的男人，犹如无底的玉卮，令人失望"。好色者，夜夜徘徊于霜露之间，到处游走，不顾父母之劝，不理世人之谤，念念只想伊人，夜夜无法合眼，斯谓之“物之哀”，谓之“风雅”，谓之“妙趣”，谓之“情之极”。因为，“看花必要看其盛开，看月必要望其满月无云，此俗人之心也”，男女之情亦然，“相思何必相见，因不得见而忧苦，叹盟誓之徒然，长夜独守，悲关山之相隔，思时光之不再，斯可以称好色也”，这话把“好色”的意义，从登徒子的位置提升到至情至性的境界了。他把恋情从现实生活中抽离，只重视那与生活隔绝的苦情、深情。“恋心”，独成一种情思之美学及绝对价值。

恋情原是在男女间的接触及生活中酿成的，为何要抽离？能不能抽离？这要回来看看兼好这个人为何出家，他出了什么样的家？

出家入家，出俗入情

“出家”是把自己从俗世抽离，从仕宦生活抽离，从家庭生活抽离，终究也从常识性的思考抽离。

兼好法师出家后，仍然常在达官贵人之府邸进出，仍然和女人见面。不同的是，他出家后，成为“云游”内外的人，不受官位的束缚，不受阶级的拘束，达官贵人不再视他为僚属，而称他为法师、师父……他可以到处吟诗、议论、喝酒和官府贵人邸里的美女谈笑嬉戏而无嫌疑，他因“出家”而得到解放，享受许多特权，而不必拘于俗礼。当时的达官贵人也乐于有文

镰仓时代所作的辩才天女神坐像，温柔的神情中带有刚毅，显示了武家社会的女性审美观。

才很高、言语诙谐的出家人在府里进出，因为与“方外之人”交游，是一种风雅。而就出家人而言，不避权贵、美女也是一种风雅，正可以表示入膏粱之地而不染。可以说，他出家，是走出令他厌烦的俗套的家，而进入了另一种优游栖逸的家，他离弃世俗，以便全心全意欣赏世间的情、雅与风流。

兼好法师蔑视终身离不开妻子的男人，反对谈恋爱就希望有结果的俗念，主张无偿的恋情之可贵，也就是赞成“衣带渐宽终不悔”的境界。但他对女人之存在有正面的评价，他认为：“世上若无女人，衣冠将成无用之物，男人必不整服饰。”这话延伸出去，意思是世上有两性，故男女皆为“悦己者容”，或虽不为悦己者容，也希望在异性面前穿得整齐体面、好看。他一再强调：男女相恋，以无结果、无前途，甚至朝思暮想而不得见，见面而无可奈何，为最有意思；恋慕之情，必须与生活全分开，其“为情”才有价值。他自己曾为质朴无文者代写情书，因为他觉得那对男女，根本无机会团圆或成眷属，故乐见他们在情海享受没有希望，也就是无功利意图的“孤高”的恋情。“恋情”者在他的认识中是必须走入迷途，毫无希望的可怜人之恋，才有意思，因为没有着落的恋情才是纯恋爱，以结合为目的之恋情只是目的之前的手段，“有情人终成眷属”是多么无趣的事情。

兼好法师不赞成男子娶妻，不赞成媒妁之言，希望男女只品味恋情之雅趣、苦趣、悲哀而不认同“终成眷属”之俗套。他到底对女性有什么期待？他肯定女性之魅力，曾说：“一条青丝可以拴住大象。”他欣赏：“女性的心态、体贴、聪慧、温柔的谈吐、吐气如兰、用心之周到、身段之文雅……这些，真足以令人爱之、想之、思之、不能自已。”这“不能自已”之恋情，正是他最重视、珍视的感情，因为这种感情极端、纯粹、自然、无垢。兼好法师是出家、出俗而入情、入趣，在他的《徒然草》中，他将女人的美、好、雅、贵之状抽离出来，劝普世男子，以同样纯洁的感情去恋慕这样的女人。这种思维是对女人的最好赞美，也只有“世外之人”的心中，能有这么高贵、纯洁的女人。

庇护妇女的圣地——东庆寺

日本神奈川县镰仓市山市内有一座临济宗寺院，寺名东庆寺，是日本弘安八年（一二八五），由当时镰仓幕府执权北条时宗之未亡人觉山尼所创建。创建初期为纯粹的尼庵，不涉外事，但后来觉山尼多次遇到遇人不淑的妇人前来求救而出手相援，这座尼庵渐渐成为婚姻不幸的妇人的庇护所，而有“缘切寺”（断缘寺）及“驱入寺”（奔入求助之寺）之名。

断缘寺

所谓“断缘寺”者，若有妇人，在家受公婆虐待，受丈夫欺侮，到了不能再忍耐或不愿忍耐下去的时候，离家出走到寺院求救；甚至在非常急迫的状况下，妇人奔入寺院，后面还有丈夫追踪，只要妇人一脚踩入寺门，这事即由寺方主持公道，丈夫不能强迫妇人回家。

妇人若不肯回家，即在庵内落发为尼，形同离婚，男方可以另娶，这在当时，是“治外法权”。之所以东庆寺能享有治外法权，乃因其创建者觉山尼是幕府执权的未亡人，她在寺内定这样的法度，实际上也救济了许多可怜的妇女，官方也就默许她这样做。但这座寺的治外法权，并非始终都很顺利得到政府或幕府的承认，而是历代主持都运用其身份关系不断争取的。比如第五代主持“用堂尼”是后醍醐天皇的皇女，她为吊念胞弟护良亲王而出家入东庆寺，人称东庆寺为“松冈御所”。“御所”通常是皇族或极贵之人所住之所。德川家康当权时，东庆寺的住持是第十九代法清尼，她是“喜连川右兵卫督赖”之女，其妹为丰臣秀吉之侧室月桂院。就在这个时候，有一个七岁的少女被送到东庆寺来出家，这个少女是丰臣秀吉之孙女，丰臣秀赖之女，乳名不详，入庵之后称“天秀尼”。

天秀尼

日本战国时代（约一四六七～一五七〇）一百年之内，群雄混战的结果，织田信长最后胜出，约略征服了日本京畿周围的地方，也臣服了大部分诸侯。信长只活了四十九岁便遇刺而亡，丰臣秀吉利用当时的形势，击败前辈柴田胜家，取得了继承权。但丰臣迟迟未有子嗣，一直到晚年娶茶茶为妾，才生了一子。

丰臣死时年六十三岁，当时其子秀赖才六岁。德川家康虽然表面上也对丰臣称臣，但他心机深沉，阴蓄战力，任何人皆看得出，秀赖母子孤儿寡妇，远非德川之对手。果然，双方紧张关系升级，一六〇〇年，终于双方出动大军，打了一仗关键性的“关原之战”，丰臣大败，缔和。又过了十四年，德川家康终不能容丰臣存在，借故出兵，“大坂冬之阵”及“大坂夏之阵”两次兴兵，丰臣完全败北，大坂城着火焚烧（现在成为观光景点的大坂城系后来重建），秀赖及其母淀君相继死在火焰之中。这时，曾因政治婚姻而嫁了秀赖的家康孙女千姬，代婆家向祖父求情，但未获结果。战事结束之后，秀赖之子国松被俘之后拘于囚车上，在京城示众，然后斩首；其妹则以女子故得以活命，由德川家康指定她入东庆寺为尼，终生不得还俗。德川之意，虽然不杀

镰仓东庆寺，创始者是镰仓幕府八代执权北条时宗之母志道尼。

女子，但女子若结婚而生男儿，仍然是丰臣之外孙，长大后会有什么作为，会不会有复仇之心，尚难预料，所以命其终生为尼，是安全的办法。女子态度柔和，和德川对答之间，毫无怨恨之意，德川于是问她："汝今将入庵为尼，心中有无未遂之愿否？"女子答："既承下问，我闻东庆寺有寺规，规定以寺院之法庇护不幸之妇人，但愿这传统能得大人之承诺，永世不改，庇护走投无路之女人，是所至愿。"德川闻小小年纪的女子竟有这样的胸怀，当下答允她的要求。东庆寺终德川幕府二百六十年之世，得以享有治外法权庇护百千妇女，可能是这句话所赐。

庇寡妇

日本宽永十六年（一六三九），会津藩的藩主加藤明成与其属下堀主水发生冲突，堀主水是明成之祖父友好的部将。但老藩主去世后，新藩主继位，堀主水看不惯少年藩主行事无状，公开责备其缺失，而且受到明成谴责后，率一家人及部属离开会津，据高野山，做出抗拒的姿势。但高野山是佛教真言宗金刚峰寺的领地，这地方是不能容妇女居住的，堀主水的妻子"苗"只好离开丈夫，单身投奔东庆寺。

守在高野山上的堀主水，在形势上是受金刚峰寺的庇护，这僵局一直维持了一年有余，最后金刚峰寺的执事经不起藩主明成的一再强索，把堀主水等人交给了明成。当时的征夷大将军德川家光，经阁议认为主水以臣犯上有罪，许明成将主水等人处死，但明成并不以此为满足，转而向东庆寺要求引渡主水之妻苗。

这时东庆寺中的人，都畏惧明成的势力，意欲将苗交出，但天秀尼独排众议，最后写了陈情书，派人送到江户呈上德川家光。陈情书中历叙当年家光祖父德川家康，曾经亲口允诺东庆寺在庇护妇人的作为上，得享有治外法权的往事，恳求家光顾全这个传统，阻止明成追索一个已经家破人亡的寡妇。家光见陈情书，深为所动，亦想起天秀尼自己当年也是家破人亡的女子，以稚龄入寺为尼，却以人溺已溺的慈悲心，为人请命，当即答允所求，下令叫明成不必再为难东庆寺。后来见明成行事施政皆不顾全民间疾苦，将其藩禄从四十万石削减成一万石，这是后话。后世史家认为家光本欲削弱诸侯力量，以确立幕府专制，故借此事端下手，是耶？非耶？并无定论。按常情而论，天秀尼是千姬的养女，透过养母千姬，有所求于德川幕府，这种人情在任何时代、任何社会都是存在的，但使用人情为的是拯救一个无辜的寡妇，就会成为美谈。

“万千心思难寄”

另一方面，千姬本人，虽是德川家康之孙女，但自幼嫁入明知会成为敌营的丰臣家，“丈夫”在世时并没得到过婆婆和丈夫的好脸色，丰臣灭亡后，成为寡妇，也算是可怜的女人。

月冈芳年绘千姬画像。千姬在大坂陷落后，续嫁德川世臣姬路藩主本多忠刻，但一六二一年她和忠刻之间所生的儿子胜千代过世，一六二六年丈夫忠刻、丈母熊姬、母亲阿江先后过世，无依无靠的她只能带着女儿胜姬住回江户城，出家名天树院。

她这样的遭遇，若是别人，通常也会看破人生，落发为尼，依当时贵族社会的习惯而言，夫亡则未亡人落发，几乎是不成文法。不做尼姑常会招来物议，但个性强硬的她，不甘于终生未遇知音，大概意中有所期待吧，只让一个侍女，顶着她的名分入寺为尼，就算交代过去。据稗官野史的说法，千姬自那以后，很率性地过自己的生活，周围的人莫能奈何她。这“率性地过自己的生活”只是一句话，但传到后世，激发了许多好事的小说家的想象，大做文章，出现了许多可归类“千姬乱行”的八卦故事，绘形绘影，说她招美男于宫中，日夜过淫逸的生活等等，这和中国武则天的宫闱故事，几乎如出一辙了。看来地不分中外，时不分古今，女人最安全的地方还是东庆寺吧。吾人擅作解人，遥想当年千姬心思，可能是“征鸿过尽，万千心事难寄”（李清照《念奴娇》）吧。

东庆寺成为不幸女人的收容所后，不只想离婚的女人才来求救，也有因其他原因无法回家的女人来投奔。据新井白石著《折柴记》中记载，有妇人因丈夫被亲父及兄合谋杀死，乃告于官，官方以《论语》“父为子隐，子为父隐”之义，欲罪妇人，此时巷议喧腾，官方遂请教儒学家新井白石的意见。新井引用“在家从父，出嫁从夫”之义，主张妇人应无罪，但妇人虽判无罪却无法在亲戚友人之间立足，乃投东庆寺为尼。

锁国的悲剧——雅加达阿春

德川幕府自成立以来就厉行锁国政策，锁国的原因很简单，任何政权都必须锁国才能实行独裁政治。锁国的项目依据当时的国情，第一禁止日本船开往外国；第二禁止基督教传教；第三禁止中国船及荷兰船以外的外国船来日本，中国船及荷兰船也只能停靠长崎港从事贸易。这三项都雷厉风行，代代相传，到了第三代德川家光之世已根深蒂固。在这样的法令下，异国通婚当然是非法的，凡是嫁给外国人的女人，或和外国人生了小孩的妇女，其本人及子女皆须移居（或放逐）国外，终生不得回国，不得与国内亲人通信（后来改为可以通信，但不可言及外国宗教）。根据宽永九年（一六三二）荷兰殖民地印尼雅加达的统计，当时住在印尼的外国人共八千零五十八人，其中有一百多人是日本人，而这些日本人有些是未锁国时就去印尼经商的，后来都变成不能回国了。在不能回国的人当中，有一个日本妇人与意大利人的混血女名“阿春”，后世称她为“雅加达阿春”，其生平令人嗟叹，其一生写了数千封思念祖国的信，迄今成为日本史上重要文献及文学。

雅加达阿春

日本宽永十六年（一六三九）十月，一艘荷兰船“布勒达号”，从长崎开往雅加达，翌年一月抵达，船上有阿春及阿春之母伊莎贝拉、阿春之姊玛格丽娜。玛格丽娜于两年后，与另一被放逐的青年村上武左卫门结婚，但两年后，因过分悲痛而死。当年十五岁的阿春，开始将思念故乡之情写成一封一封的信，寄给在日本的表姐阿达。信文长短不一，最短的数百字，最长的达三千多字。据当时居住在长崎的地理学者西川如见所著《长崎夜话草》的记述，每封信都是滴血之作，令人不忍卒读。兹将三千多字的信摘其要点译出：“可恨千古不曾有的十月台风，何故遮蔽望乡月？我想，我恋，我望故乡日本……不记得何年何月离开日本，异域历书不相同，无法记忆放逐多少年。但我不分日夜，一时一刻都没忘记过日本，为此伤心、落泪。在这个地方能看到和日本一样的东西，只有太阳和月亮。我每天早晨，站在那里等日出，傍晚坐在那里看月光，不忍睡觉，天天哭，天天流泪，袖子都湿透了，想来如此痛苦的人生，我又何必活下去，干脆死了算了。但有时回头一想，我又何必怨天怨人？

几千万人中，为何我独自生为异国人的女儿呢？或是前世为恶的报应吧……回想在日本时，你对我多好，当时若知有一天就会见不到你了，当年就要天天和你见面，不离开你，和你亲近些。可惜我以为永远都能见到你，也没有对你好，如今想来，后悔莫及……

“这封信因边哭边写，写得语无伦次，字迹不清，劳你费力阅读，真对不起。我自被流放到国外，从不穿外国人的衣服，仍然天天穿上我那笨重的日本衣服。想来我怎能甘心做外国人！我想日本，怀念故乡，但愿能再次看到故乡……”

这封信，因为有一部分写得斐然成文，也曾有人怀疑，那阿春并未受到多少教育，怎能写出这样的信？多半是《长崎夜话草》的作者西川如见杜撰或至少润饰过的吧？但多数学者认为，即使经过润饰，也只订正了错别字及不顺的措辞吧！因为阿春虽未受过高深教育，但考其平生认真好学，到了异国，感怀既深，心情激越，激出了平生水准以上的文辞亦可以想象。总之，其前后十几年写出几百封信，不可能都由别人杜撰，就目前尚在于长崎资料馆的信文观之，那些信，应为真迹。阿春后来嫁给了东印度事务员，也是在日本出生的荷兰人西蒙·西门生，此人后来升为海关主管，又晋升总督府特使，从事外交工作。可以想象，阿春能嫁这样的人，后来一起出入雅加达的社交界，似乎不是不学无文的人。

《宽文长崎图》屏风中所描绘的出岛荷兰商馆，这里是锁国时代日本和西欧唯一的交流窗口。

另一种生活

阿春于二十一岁时嫁人，生活转入忙碌期，但并未因此而忘了对祖国的怀念。她生了四男三女，但先阿春而死者六人，只剩一女玛丽亚。西蒙离开公职后自营贸易，使阿春能过富裕的生活，但西蒙于一六七二年去世，留下相当多的遗产给阿春，以这些钱，救助留在雅加达的混血日本人，当时阿春四十九岁。但此时留在雅加达的日本混血人中，男人已全部死去，只剩下三十四个妇女；阿春到此时还常常写信给日本的亲友，互通消息。元禄十年（一六九七），阿春以七十三岁高龄去世，总共在雅加达居留了伤心的五十八年。

锁国、锁心、锁文化

当然，在同样被放逐到雅加达的日本混血妇女中，也有抱着另一种心情活下去的人。譬如可妮里亚是日本女子与荷兰商馆长可尼里斯·奈恩罗所生的女子，父亲去世后，母亲再婚，她就与异母姊一起被放逐到雅加达。承应元年（一六五二），可妮里亚与东印度公司职员彼得·席诺结婚，彼得有才，亦善理财，可妮里亚在写给日本的亲戚信中说："不必担心我的事情，外子是善良的人，我过着幸福的日子……"这位可妮里亚很想得开，但生了十个孩子之后，不久，死了六个孩子，丈夫也死了。她于四年后再嫁法官约翰·得彼达，但这婚姻并不幸福，两人经常吵架，成为社交界的笑谈话题。日本平户资料馆现在保存的可妮里亚写给亲戚的信中，谈到“长崎两政所”（联络处）已将日本寄来的信函及物什交给了她，凡接到来信的人都很高兴，云云。可见在德川幕府中期，仇视外国人的情势已经降温，留在雅加达的日本人虽仍然不能返国，但通信已放松，也让人不那么想故乡想得很凄惨了。似乎留在当地的妇女若嫁人嫁得好，也就安于现实，还常常买些印尼的棉布寄给在日本的亲友。若有商船定期开往日本，她们也都事前知道，纷纷将信件及棉布等交给船员，托他们带往日本，辗转交给亲人朋友，这些人似乎慢慢成为“侨民”了。

但“侨民”的情绪要等到第二代才真正形成，对于住过日本而被“放逐”的人而言，不论如何调整，那心中残存的一丝思乡之心，是难解除的。就保存下来的当年的信件看来，遥望故乡明月而伤感的女人占绝大多数。这些往事及信件在德川幕府崩溃后，有许多看不惯当年暴政的人，以这些资料为题材，写诗、流行歌、小说、戏剧，都曾流行一时，直到今日如“雅加达阿春”这名字，仍然是家喻户晓的传奇人物。她的故事，曾让三百年来的日本妇女流下伤感的眼泪，那首“雨中淋湿全身的阿春……”迄今有唱片、CD 在贩卖，它成为后世憎恨德川幕府的一个情绪性的着力点。

在人类的历史上，“锁国”常常是专制君主或政府用来保护其政权的方法之一。锁了国之后，内外不通，消息闭塞，不知地球上尚有开明自由之地，君主就容易统治或为所欲为。在日本国内，曾经有一段时期，不但没有国际通航，也不准人民自由迁移居住地，就是从国内某县市迁到另一县市或村落贩货的话都要缴税，士农工商之身份职业成为世袭，不得改变。雅加达阿春之引人注意及同情，在社会意义上，不只是同情弱女，也有谴责专制幕府的意思。

艺妓文化

日本的艺妓，闻名世界，以艺妓之生活为题材的小说，不但在日本汗牛充栋，许多欧美作家也以日本的“游廓”、青楼为背景，写小说，拍电影。中国也曾有许多以秦楼楚馆为背景，以花魁、乐妓为题材的小说，实际存在的人如薛涛、《桃花扇》中的李香君，留给后人无限遐思。六朝金粉地秦淮河畔的琴韵、画舫，杜牧的“十年一觉扬州梦，赢得青楼薄幸名”，羡煞多少登徒子。尽管如此，中国的艳情小说，包括杜牧的“十年一觉”，只把那地方当做冶游之地，把那地方的女人视为欢场的女子而已，走到那个地方的男人是不认真，也不该认真的。

法国的小仲马在《茶花女》中写了一个认真与欢场女人谈恋爱的男人，小仲马是很同情小说中那一对男女的，但也只认同其性情善良、真诚相爱而已，并没有揭示欢场的“文化”及欢场女子之可能有“文化”。日本人可能是地球上罕有承认欢

宫川一笑作《贝合图》，贝合是日本的传统游戏，发源自平安时代在贝背上画上图，然后寻找配套的贝壳。在女性当中非常流行。

场中有文化的民族，这“文化”包括欢场的规矩、礼仪、对应、艺能、对谈、诗歌的应酬……

游里——美化性交易的桃源乡

在日本，欢场或风化区称为“游里”。江户幕府统治时代，经幕府特准营业的游里有四个地区：就是江户（后来的东京）的吉原、京都的岛原、大坂的新町及长崎的丸山。其他地区虽然也有大小不一的花街柳巷，但因偷偷摸摸营业，就始终停留在较原始粗糙的卖春的场所，未能发展出有规模的文化。

上述四大区域的游里，虽然基本上仍然是卖春的场所，但因为披上欢乐歌舞及礼仪从容的面纱，久之，各种规矩成为传统，主客之间的对应渐臻优雅。在“格式”比较高的游廓里，一个男客人从第一次来“访”到能登堂入室，一亲芳泽中间，需要经过很长的时间，付出很费事费钱的殷勤，还必须是有点身份的人。这中间的折磨或过程使高级游廓成为一个常人难以接近的神秘地方，也吸引高官文人以这种地方为“集会”场所，多少贵人的“社交”便在这种地方举办，平添游廓之贵族性。在这样的游廓中，游女（妓女）朝夕磨练吸引男人的本事，使男人朝思暮想，盼望着登堂入室的那一刻。因为这是一种磨人游戏，而不是一夕之间的现金买卖，所以它成为一种艺术。游廓就是演练这种艺术的场所，而集诸般艺术于一身的最高级游女，称为“太夫”。

在游里的社会里，要升到太夫非常不容易，必须天生丽质、聪慧过人、闻一知十、好学而上进；其伶俐为鸨母所赏识，决意培养，才有前途。鸨母培养一个太夫，先须投下巨资，从小培养起。

卖身娼门的女子通常七八岁就被鸨母领走，进娼门后，只能做服侍成年妓女的小婢，称为“禿”。有出息的“禿”必须在十岁以前就会让鸨母注意到，决心培养。最大方的鸨母会让这个培养中的少女丰衣足食，养尊处优，过有如公主一般的生活，为的是培养她的气度，免得以后见钱眼开，在豪客面前露出寒伧相。这中间，也要读书识字，学习音律、练琴、三味线、鼓、书法、和歌、俳谐、插花、茶道、围棋，要样样都通，且特别精通其中一样，乃具备做太夫的基本素养。女子既投身青楼，人人都想做太夫，但太夫谈何容易，实是天才加上努力、加上小心、加上有心才能达到的身份。据统计，江户吉原于宽永年间（一六二四～一六四四），有近三千游女，晋位太夫者仅七十人，后来降为三十六人，到了元禄年间（一六八八～一七〇四）曾降到二人至四人，一七五一年后太夫完全绝迹，太夫之难以培养，由此可见。成为太夫的游女，必须举行就位仪式；通常穿上等同贵族的九重华丽衣服游街，女童执带，婢女侍侧，行八字步，鼓声笛音引道，慢慢一步步，由街头走到街尾，“露脸”了！也是以此公告周知，某楼某廓，有一位如此华丽、气质高雅的太夫了！太夫“见”客时，与王公贵人或文豪诗客，都分庭抗礼，毫无怯意，说话回话，吟诗联句，从容自在，炫示才学美貌于举手投足之间。日本人认为这样的女人，是游廓文化的杰作，堪与皇妃、

歌川广重作《名所江户百景》中的《廓中东云》。描绘了拂晓人们从游廓中三三两两地走出的场景。

歌川丰春《花街新吉原包宴图》

公主比美。若一定要想到她们终究是卖身的，这是伧夫的“野暮”（按：不懂事），因为懂得风流的人是蓄意不看透这一层的，这是隔着薄雾看花的道理。

吉野太夫的菩萨行

游廓史上不世出的才女“吉野太夫”，是京都岛原游里的太夫，她的身世如同大部分游女一样，是不可考的。她原来取名“浮舟”，后因在赏樱会里作了一首徘句：“此地樱花美，遥想吉原更风光。”因此大家叫她“吉原”。被誉为日本莎士比亚式的诗人兼小说作家井原西鹤在其著作《好色一代男》中，把吉原太夫描写成“稀世之游女”，塑造成女人的理想像。西鹤前半生曾沉溺于游里之间，寻找写作资料，体会青楼的人情义理，及见吉原太夫而大喜，将其写入作品中。其作品中的吉原太夫，是否与真实的吉原太夫相似，后世无考，但一般人认为当是真实的写照。

据作品中的故事，当地有冶铁工人，遥见吉野太夫而惊艳，从此日夜思慕。他打听得必须斗珠为聘，才能一亲芳泽，于是日夜工作，积聚银两，历数年而有白银千两。乃走访出入游廓者，请代向鸨母通款，但得到的回答是：太夫只与王公贵族周旋，并非任何人捧着一箱银子就能见面。工人失望之余，竟然病倒，茶饭不入，日益憔悴。这事，有人当做笑话转告了吉野太夫，太夫闻之，触动怜悯之心，叫人把那工人带进来，意欲舍身救之。但工人骤见太夫，心中感激，声泪俱下，只跪在太夫之脚下，摸其足而起，千谢万谢就要离开，经太夫百般安慰，逗留一宵而去。西鹤在小说中，让人称赞太夫之行为，是能舍身的“菩萨行”。

吉野太夫后来由富商之子灰屋绍益以万金赎身为良家妇，但绍益之父绍由怒其子聘青楼之女，将其逐出家门，绍益于是

一乐亭荣水《青楼女菩萨——名妓志可津》

与吉野赁屋而住，过着贫寒的日子。一日，绍由出门遇到大雨，就在一木屋檐下稍停，门内有一妇邀其入内避雨，绍由见少妇行止言谈如大家闺秀，叩问身世，惊悉其为儿媳，即日让儿子夫妇搬回家中住云。这个大团圆的结局，作家虽未能免俗，但尚算入情入理，其“菩萨行”之褒也颇有见解，故深得读者的认同。

好色一代女

日本历史上曾有一个年代称为“元禄”时代，约在一六八八年到一七〇四年之间，正是德川纲吉的治世。当时江户幕府传到第五代，社会安定，产业发达，对朝鲜及对中国的贸易也蒸蒸日上。许多“町人”（商人）成为巨富，虽然在称谓上仍列为士农工商之末位，事实上凭其经济力量已常常可以与武士阶级分庭抗礼。这个时代是日本史上庶民比较安居乐业的时代，于是一反从前（如平安王朝）作家、诗人必出自贵族阶级的传统，而在庶民之间诞生了天才作家及诗人。其中成就最高的要算小说家井原西鹤、剧作家近松门左卫门，及俳句诗人、人称俳圣的松尾芭蕉。西鹤擅长描述“元禄”时代的风俗人情，并深入挖掘青楼欢场中男人的放荡与女人的情欲，及商场里商人间的勾心斗角。其笔触冷澈而写实，为此日本史家称这个年代为日本的文艺复兴时期，也夸言西鹤的“写实主义”比西方的“写实主义”早出一百多年，其作品《好色一代女》，人称是东方的《女人的一生》（法国莫泊桑作）。

“一代女”的故事

西鹤在相同的意图下曾写了《好色一代男》、《好色二代男》、《好色三代男》、《好色一代女》、《本朝若风俗》、《男色大鉴》、《五人女》等作品。其对色欲之描写大胆奔放，乍看是在色欲这件事上追求写实，但仔细看下去会发现，追求色欲的男女，都逐渐走向阴暗绝望的人生，这是更高一层的人生写实了，《好色一代女》是一个很具体的实例。

芳贺一晶作井原西鹤画像

《好色一代女》是西鹤四十五岁时的作品，共六卷六册二十四章，出版于贞享三年（一六八六）六月。其梗概为没落的贵族女子“一代女”者（作者未为女主角取名，书中一直称她为一代女），为了生活到宫中工作。她看上了也在宫中服务的年轻武士，两人发生恋情，事为总管所发觉，在当时恋爱为法度所不容，武士斩首，而一代女则被遣还娘家。从此，她为了赚钱养活自己，做过舞女、诸侯之妾等等。她的父亲为人作保、贷钱，那贷钱者携款逃亡，父亲无法代偿，她只好卖身到岛原做游女。她天生美丽，又曾在宫中学到礼仪，进退之间，有些气度，于是做到游女的最高阶太夫。但她做了太夫之后，自思本是贵族后代，又曾在宫中奉侍大人物，待客难免骄傲，不久门庭罗雀，无法留在太夫位阶，就次第降为“天神”、“鹿恋”、“端女郎”等等，在十三年中经历了游女所有的阶级。十三年后卖身契约期已满，她本可恢复自由身，但此时双亲已亡，无家可归，只好到处做僧人之妾，或穿上尼服卖身为“歌比丘尼”，或在色情茶馆和商馆混生活。到了六十五岁，犹沦为最下等的娼妇（惣嫁）。这故事采取女主角向两个来访者细谈身世的告白形式叙写，作者写这个故事表面上将一代女不幸的生涯，归咎于当时不准自由恋爱，及为女儿者须为父亲的债务卖身的风俗。但这个故事的来龙去脉，可能并不是最有价值的部分，作者事实上是想指出，一代女的不幸表面上似乎是命运多乖，骨子里也因一代女内心的“好色”，作者字里行间，透过情节的转折，呈现女主角在悲惨遭遇中仍不舍可以享受色欲的机会。另有一点，作者也是一个风俗学家或至少是风俗观察者，他透过小说，企图呈现元禄时代的各种卖笑、卖身的风俗及世态。所以他让女主角从一个职业转到另一个职业，先是经历卖身女人的种类——

“太夫”、“天神”、“鹿恋”、“三匆取”、“歌比丘尼”、“茶馆女”、“风吕汤女”、“莲叶女”、“惣嫁”、“腰元”、“下女”、“僧妾”……再则使这女人侧身于各种不同的营业场所，其所涵盖，可以成为当时的风俗大全了！

西鹤存心写风俗大全，也锐意把它经营成卖笑风俗为背景的“好色”小说，因为它除了风俗介绍详尽而写实之外；女主角作为小说的中心人物也给读者留下很深的印象，所以它作为小说，也是成功的。而成功的主因在作者不顾当时的卫道人士及统治者的抗议，赋与女主角“好色”的性格，这位女主角由于作者另有怀抱并没有给她一个名字，而只叫她“一代女”。“一代女”者，这一代女人之典型也，元禄时代典型的“荡女”也。她，首先具有当年的“荡女”所应具有的姿色，她曾做过某诸侯的妾，为的是诸侯无男嗣，必须纳妾生子；而当时诸侯派属下到京都物色美女为妾，其物色的公告上所写的条件是：“年十五至十八岁，颜略圆，肤色如淡樱，面部无瑕疵，目明、眉厚、鼻略高、口小、齿齐白、耳长有福、额不修而有细毛、颜后有发、指长而甲薄、足长八文三分、胸长、腰实而肉不硬、臀丰满而好撑衣衫，亭亭玉立、心地温柔、工女红、面目可喜、无黑痣……”大概今日的选美条件也没这么详细吧，但这是麻雀变凤凰的机会，在百千应征人中，她竟然当选了！可见其姿色是无缺点的。在这个阶段，她有机会学习上流社会的礼仪风度，终生以姨太太身份养尊处优。若果生得一子，将来成为藩主，她以太夫人之尊更可以优游天年，不愁生活，但她没有为自己这样计算，却去和一个没有身份的武士幽会。从这个地方开始，作者西鹤一路写她的沦落，强调她只顾情欲的满足而一再失去体面的生活的机会。

喜多川歌麿作《高岛阿久》，歌麿以长于"美人大首绘"而闻名，这幅画的原型是江户某茶馆的女招待。

离开诸侯邸的一代女，由于她具备在官邸生活过的资历，也有人请她去做教育成年女子礼仪的女师傅，这个女师傅的身份，尚算是体面的工作。但不久，有女人知她笔墨好，来请她代写情书，她替她写，写着写着竟爱上那个女人的情夫，情夫也是一贫如洗的人。有一次床上事毕时反嘲笑一代女："你虽爱我，无奈我是个穷光蛋，连送你一件衣服的能力都没有，也是你没眼光，看上我这种没出息的人。"一代女闻言大怒，"决意掏空对方的身子"，从此日夜纠缠，使男人力竭而死。她与没本事的人亲近，又怒其不懂得尊重有气质的美女——她自己，所以将他整死。至此，她实已堕入色情地狱了！

一代女到了六十五岁时，色已衰、身已病，沦为最低级的"惣嫁”，犹勉强穿上华衣，徘徊于大坂街上卖淫。一日来到岩仓的大云寺，看到寺内有五百罗汉像，她被罗汉所吸引，一尊一尊看过去。突然，她觉得她和每尊罗汉像都有过性关系，流下一身冷汗，仓皇逃归，从此到洛北结草庵，每日念佛，过其余生。

这段见罗汉而惊心的场面，在西鹤笔下写得惊心动魄，主要是主角在耽溺于色情的中间，内心始终有一种莫名不安，这不安累积到不堪负荷时，乃爆为见罗汉而崩溃的精神异常。这和始终没有自觉的潘金莲，必须等到外力（武松）来杀嫂才能结束的故事，是另一层次的小说。

西鹤的《五人女》

井原西鹤出生于宽永十九年（一六四二），在大坂长大，自幼爱好文学，亲近“假名草纸”（和文小说）、古文、俗谣等。十三岁入西山宗因之门，学习“谈林风”之俳谐，日夜为作俳句而苦思，曾有传说，说他在住吉社头，一日吟句二万三千句。他的俳谐不因习传统，而将游女、扬屋（欢乐场）、俳优、情杀等人事纳入俳句之中。四十一岁时，其师宗因去世，他本不满于吟风弄月的生涯，当即放弃俳谐，而专写“浮世草纸”（社会小说）。处女作《好色一代男》出版后洛阳纸贵，他接二连三写“二代”、“三代”及《一代女》、《五人女》等等和《近代艳隐者》、《本朝二十四孝》，奠定了作为小说家的基础。但他这些作品，内容颇涉入狎妓、冶游之细节，屡遭查禁，乃改变路线，多写商场贸易之算计及辛劳，其中有《胸算用》（精打细算）最为杰出。殁于元禄六年（一六九三）享年仅五十一岁，他写游女等小说以《一代女》及《五人女》流传最广。

《五人女》

“五人女”是五部短篇小说的合辑，这五部为：《阿夏及清十郎》、《樽屋阿仙》、《阿三及茂右卫门》、《阿七及吉三》以及《阿万及源五兵卫》。这五篇中一般认为第三及第四部最有可看性。

《阿三及茂右卫门》的女主角阿三是一个美女，她从十三、四岁时，就能站在京都四条河原上，吸引众人的目光，其艳丽不知让多少人羡慕不已。有京都的大经师（以写经、裱书为业者）十分倾心，央媒作伐，得以娶阿三为妻，婚后相敬如宾，生活圆满。但不久，大经师因事须赴江户，临行颇感踌躇，特商请阿三娘家派一个忠厚老实的管家前来照顾家中诸事。这位管家名茂右卫门，诚恳朴讷，平生从未接触过女人，但他来阿三家不久，家里有一女仆名琳子竟爱上了他。茂右卫门见琳子说话殷勤，以为是一般礼貌，也未在意，只是冷冷相应，琳子无法接近，转向一男仆商量，但男仆反讥笑琳子自作多情。

阿三闻知琳子有这种事，怜其痴情，允为代其写情书，茂右卫门从琳子手中接过一封信，展读之余，大为“惊叹”女佣之流竟有如此文笔，心中渐萌情意，就写回信给琳子。琳子原不识字，拿了回信也只能再请阿三代为解读，阿三解读之后也

铃木春信作《纪友则》，纤细的女性形象和挑着提灯的氛围是当时的流行风潮。

就再代写覆信，如此几度往返，茂右卫门在信中约琳子“五月十四夜到女佣房相会”。女佣们知道有这封信后，就围着琳子出主意，她们认为茂右卫门开始时很骄傲，如今想幽会了，一定得好好捉弄他，于是订下计策，要阿三当夜去睡在琳子房间，等茂右卫门来了好训他一顿。当夜大家依计而行，阿三换上佣人衣服睡在琳子房间，其他的女佣人都围着等看热闹。岂知茂右卫门到了晚上，突然怯场，想来想去，一直拖到天快亮才来到女佣房，此时阿三已因疲劳熟睡，周围的女佣也都睡倒。天亮时阿三醒来，发觉已经失身大声叫喊，众人都惊醒，但事已不可挽回！

阿三曾决心到湖中自杀，但茂右卫门不肯自杀，极力主张相偕私奔，但私奔的生活很快为人发觉，最后两人都受法律制裁而死……就情节而言，这是一个因恶作剧发生错误而酿生的悲剧，不过因为恶作剧的“轻佻”，而无法让现代人认同这个结果有任何悲剧价值，是否如此，我们先看看《阿七及吉三》。

阿七及吉三

阿七是“八百屋”（卖菜的商人）的女儿，她父亲在江户本乡开设卖菜铺。有一年岁末，当地发生大火灾，她家也被烧毁，其父将女儿及女儿的母亲送到吉祥寺暂住，寺里住持见其狼狈，拿来几件衣服什物，借给她们母女暂用。这些衣服中有一件缝制很讲究，衣料结实，衣上还有“家纹”（世家的印记），一见就知原是世家公子的衣服，阿七穿上这件衣服，隐隐闻到衣服上残余的熏香，常常幻想这件衣服的主人必是一位高贵的美少年。

一日薄暮时分，母亲正在念佛，忽见庭院里有一贵公子，左手指被刺扎到，正想用一把银的镊子将刺拔出，却不得要领，母亲见状，叫他过来，接过镊子要找刺，却始终无法夹到。母亲叫阿七过来命她试试，阿七接过镊子，左手接触到少年的手时，只觉满脸都热了，心悸加快，勉强握住他的手，将刺拔出，迅速走开，不敢正眼看那少年。

后来，阿七听寺中的小和尚说，那少年果然是世家子弟，名小野吉三郎。从此日夜思念，苦无相见之机会，终于她下定决心，写一封信托小和尚送给吉三郎，吉三郎也回信表达相思之意。一夜，风雨不停，住持却接到米铺来人，以主人病死，急需住持前往诵经并安排丧事，住持当即带和尚立即前往，阿七静待母亲入睡，往叩吉三郎之房门，两人相拥而泣。

母亲颇疑阿七最近行动古怪，与其夫商量。其夫火灾后本已开始重建新屋，这时新屋粗成，即叫阿七母女迁回自家。阿七从此无法再与吉三郎相会。

一日，春寒，外面下着雪。有衣衫褴褛的年轻人挑着一担青菜之类来阿七之家求售，他戴竹笠，掩覆面部，无法看清面容，但衣服单薄不断发抖，阿七之父见而怜之，留他在仓库里过一夜。是夜，有亲戚临盆，阿七的父母相偕外出，阿七走近年轻人掀开其竹笠，那人果然是吉三郎，阿七叫女佣把冷得发抖的吉三郎扶到楼上房间，喂以热汤，休息一夜。翌晨，吉三郎告辞离去，阿七眼见他走出风雪中的道路，心痛欲绝。她日夜思索如何能再见到吉三郎，忽然灵机一动，想起当年见到吉三郎是因为住家火烧，搬到吉祥寺去住。于是暗中准备油布，天黑之夜，放火烧屋，火警很快熄灭，但役吏查出放火者为阿七，放火是重罪，十七岁的阿七收监后依法受刑而死。其临终有辞世和歌：“可哀小名寄春风，身共落樱归尘土。”

现代人看以上两篇小说，可能有不同的反应。就《阿三及茂右卫门》而言，那只是一个恶作剧发生了意外而已，谓之错误则可，不必成为悲剧，它，缺乏悲剧或死亡的“必然性”；

游戏双陆用的棋盘，上面描绘了种种儒教道德的教训，以为庶民女性的道德开蒙。

大约，现代人看莎剧《罗密欧与茱丽叶》也有同样的感觉吧。“错误”（error）在许多作家手中都变成喜剧，甚至闹剧的题材，为何会变成悲剧，但在四百多年前的社会意识里，错误本身就是悲剧；或者，不必成为悲剧而竟成为悲剧，是谓悲剧。就西鹤而言，他也是有意警告不必要的“恶作剧”的。

《阿七与吉三》是纯粹的悲恋故事，发生悲恋，原因在男女双方之不对称，及不经由明媒正娶而发生恋爱，这些，在那年代都是“大逆不道”，或至少是父母所不能容的。类似的故事，在日本、中国、韩国、越南等地都很多，但重要的是作家要能把它写得至情至性，以爱情之坚贞而降低伦理习俗的相对价值。在那个年代或任何年代，作家要做到这个程度，是十分艰难的考验，在“小说”的概念并未确立的当时的日本，西鹤算是敢写、能写的先驱，和他约略同时代的近松门左卫门，可以和他算是当时的双璧而已。

大和抚子

不论欧美、中国，乃至亚洲其他国家的人士，有许多人颇为羡慕日本妇人的温婉、柔情、体贴、有礼；这些人士并不见得特别喜欢日本男人，相反地，有很多人是不喜欢日本男人的。如果说，日本女人特别讨人喜欢，而日本男人特别不讨人喜欢，这话似乎又没有什么根据。是日本女人比男人特别杰出、出色吗？同样的文化为何会将两性染成不同的色彩、姿态、意态？莫非，日本的男女性多半来自生活在不同的文化诉求之下，而形成了两千多年来男女“有别”的后果？

自从人类社会大部分由母系社会演变为父权社会以后，文化诉求一直都是由男人主张重视什么价值，并规范生活的准则。这中间有些地区、民族、国家的女人在威权及爱护双重统治下，屈服在男人规范的“妇德”之下，有的努力做一个好女子、好妻子，成为“女诫”的典范，乃至《列女传》中的角色；有的则心不甘情不愿，勉强在男人的统治下，生儿育女度过苟活的一生。但日本有一些女子却凭其才识，走上了第三条路，成为女官，成为作家、诗人，其言语风度与气概影响了许多女性见样学样，以修身、求学、学艺为手段，使自己在为人妻、人母之余也学故事、吟咏和歌、谈恋爱、写情诗、弹琵琶、出入剧院、学茶道、学插花、访寺院、论禅理、聚茶汤之会，品评男人之优劣，使男人闻之亦知所畏惧。日本史两千年来出现的女帝、女王、紫式部、清少纳言、和泉式部、北条政子、建礼门院以下，歌舞伎的阿国、汉诗传情的细香、风魅京华的艺妓乃至多少诗人、

德川黎明会藏《源氏物语绘卷》中的一幕，描写了在玉蔓的邸宅中，女房和姬君们正在下棋的场景。

小说家、俳诗人、及改变了时代的女政治家，就是在这样的风尚中诞生的女子。其未成为诗人、名家、小说家的未出名的一些女子，有很多也修得一身见识、温婉及源自自信的柔软、体贴，成为有礼的女子，人称“大和抚子”。“大和抚子”是日本温婉女性的通称，“抚子”原是植物名，后来取日本母亲慈爱抚育的女子之意，称“大和抚子”，发音 yamato nadesiko，成为诗歌中歌颂日本女人的称谓。

“女神”的成型

地球上有许多部族、酋长、民族、国族都以太阳神为其祖先，或最原始的神祇，日本人（或称大和民族）在国史记载上也称日神——“天照大神”为其原始祖先，但据若干日本史学家的研究，日本的原始部族曾奉生殖之神——“御食津神”（mike tsu）为部族神。“天照大神”要等到“绳文”、“弥生”、“古坟”时代之后，“大和时代”开始才在《古事记》史事中出现，负责撰写《古事记》的太安万吕曾在序文中承认其曾将史料“削伪定实”，可能“御食津神”也在其“削伪”时被削掉了。

两神之间有何不同？“御食津神”是生殖之神，在这样部族中，女人受重视，只因她们会生孩子。但天照大神是完全不同的型像，她表情明朗，庄严而慈祥、端庄、美丽，而对不听话的弟弟“须佐之男命”采取严峻的态度，走进“天之岩”内使世界失去光明，以惩罚胞弟之抗命。据古代史的学者说，天照大神是古希腊雅典城保护神“雅典娜”（希腊名“Athena”，拉丁名“Minerva”）的东方版。这位雅典娜女神是天帝“宙斯”从头壳中生出来的，严肃端庄，出生时即全身盔甲，手持长矛，兼为战争之神又管辖学术、智慧、正义，及战争之技术。现存于雅典城中白色的神殿“Pathenon”，原意“少女之室”，即奉祀雅典娜之神殿。天照大神如果是取用了雅典娜的原型，那么它将部分英武严厉的部分改掉，使其成为崇高端庄的女神。这个形像可能是天照大神形成之时代的日本淑女或才女的公约数，这形像对紧接着来的平安王朝的才女、女房、及女诗人，发生了很大的影响。她们努力写了很多高贵、端庄、多情、温婉、有礼的女子，写着写着自己也逐渐变成了那样的女子，而所写出来各种不同性情、感觉的女子，一旦成为“古典”，也影响了读这些书的人亦步亦趋，以书中人物为楷模，努力塑造自己。“源氏名”就是这种努力的最显著例子。

源氏名

紫式部以其才识及在宫中的历练写出来的《源氏物语》，曾是地球上最长的长篇小说，也是最早惊动了西方世界的东方文学作品。

紫式部在这部旷世之作中写了些什么？从规模上讲，它分为五十四帖，每帖中有一个至数个重要女主角与男主角光源氏发生各种接触或恋情，其情节各有不同，其结局也不一样。这五十四帖有些帖与帖间情节相连，有些每帖似乎是独立的短篇小说，每帖有帖名为标题，有的是人名，有的是地名，有的是和歌中之词语，有的是游戏名。五十四帖名及五十四帖内的人名，到了后世，有许多女艺人、茶道名人、优伶、艺妓、太夫取其中一名为笔名或艺名，通称“源氏名”，以附庸风雅。名作影响之大到此固然已达极点，更别说这“源氏”中的女主角们性情各异，遭遇不同，有的情深，有的才高，有的贞淑，有的孤芳自赏，有的幸福，有的不幸，还有的见识超然于幸不幸之上，身份地位各自不同，但后人一旦取了一个“源氏名”即努力使自己在现实社会彰现那女主角的优点以为号召，以图彰现自己，虽难免东施效颦之讥，但她煞有介事地做，予世人观感，实是超越了效颦而显得很正经。《源氏物语》中的女子，其恋爱大都不幸以终，但她们积极恋爱而终归失败时，面对无常的人生，学习失败的意义，不论是自动或被迫，都以某种心情谛观，或智慧有尊严地处理自己的人生。这些，加上书中各种女子咏叹悲欢离合的和歌之杰出，迄今对日本女性仍有重要的影响，它事实上提升了一千多年来日本妇女的见识与思考能力。

比《源氏物语》，稍早出版的《枕草子》是一部超时代的犀利短文集，它比法国蒙田写的《随想录》早五百多年问世，在日本随笔文学及文体中独树一帜。其所写的随笔，谈春夏秋冬、

《源氏物语绘卷》当代复原图之“桥姬”，描绘的是薰君途中被琴声吸引，偶然透过竹篱门窥看到八亲王的两个女儿，引发了爱慕之情。

谈云、雨、雾，谈山、林、池、岛，谈鸟、鱼、猫、植物、神佛、衣裳、天气、可亲的人、可厌的事等等，每一个事情都谈出道理或哲学或感觉或思想，而当时还只是西元一千年。作者清少纳言感情纤细，思想致密，能说很高贵的话，也能说很伤人的话，如：“粗鄙人的家里，照样有月光，有白雪降落，真是暴殄天物”，令人莞尔。

大约两百年的平安王朝期间女性诗人、文人、作家，才人辈出，并不是偶然的。在安定的朝廷制度下，世族巨室想在仕途上出人头地，除了自己要有能力人缘之外，必须想法将姊妹、女儿调教成才女、诗人，有教养、有学问，应对得体，气质高贵，以便送进宫中担任女房（女宫），幸运的话且可晋升为后、妃，最好的状况是让自己成为下一代天皇的外祖父。女子所以被允许或被鼓励受教育，诵《史记》、《汉书》、《日本书纪》、《万叶集》……成就一身学养，原因在此。而一旦女才人出现，等而下之的阶级的女人亦觉“有志者亦若是”，纷纷效尤，这毋宁是一个好的现象，“源氏名”就是这个现象一个好例子。

朝廷政治的传统在西元一二二〇年前后为幕府所取代，幕府的形成以武士为中心。武士是军人，本来不谙诗文，尤其看不起女性，社会风气及女性命运，在此后有所改变，是以后的事。

武士的妻女与市井女人

西元一二二〇年前后，日本京都平安王朝的“摄关”政治（摄为摄政大臣，关为关白，是大臣中的班首，摄关政治即朝廷政治）受迫于源赖朝组织的幕府，把实际权力交付幕府。“镰仓幕府”，从此成为实际上的中央政府；镰仓幕府执政约一百年余，在蒙古舰队来攻后暴露内部弱点，于一三三三年覆亡。但天皇亲政不久，室町幕府及江户幕府继起，一直到一八六七年，德川庆喜见大势已去，亲书“大政奉还”表，纳还政权于朝廷，日本乃得在“明治维新”中开国贸易，建立制度成为现代国家。

平安王朝的政治，实际上是贵族政治，朝廷中做官的大都是世家贵族中人，他们把持朝政，有时也互相斗争，无事则与女官及贵族女子诗歌唱和，沉溺于恋爱。当时的风气，讲“雅”，而人要“雅”必须读书，有学问，出口成章，下笔能做和歌。他们的恋爱，大多以和歌鱼雁往来。恋爱在有水准的文藻中进行，谓之雅，以无品味的方式进行显得很难看，谓之“野暮”（粗野），恋爱本身几乎没有是非而端看其进行方式是否优雅。在这样风气下，女子是享受某种程度的自由的，贵族女子固然因读书识礼而尊贵，庶民女子也多免于束缚。

但到了幕府统治时代，权力落在上级及中级武士身上，而武士向来重武轻文，性格严谨，缺乏雅趣，其求于女子者，是中国宋、元以后“女嫁从夫”、“失节事大”的单线思维。当时流行一时的一本畅销书《女大学》，演绎自中国曹大家的《女诫》及仁孝文皇后的《内训》等书，言三从四德及“三从七法”，比《女诫》还更严酷。但这本《女大学》后来竟成为母亲必须

《年中行事绘卷》中天皇内宴的情景，可以看到女房随侍左右。

交给出嫁的女儿，带过去朝夕阅读的经典！

大部分嫁给武士（武士是比较体面的人家，因为他们是四民之首）的女人，就这样自动、主动，或被迫服从丈夫，唯唯诺诺，过着《女大学》所规定的“修身、齐家”的生活。嫁的如果是低阶的武士，收入既少，除了修身、齐家之外，也得勤俭、朴质，终日操劳，而不敢言功。另一方面，既为武士之妻或女儿，婚嫁皆由家长安排，且须得家长的上司之许可。不论婚前或婚后，但有婚外之情，即使只是有了嫌疑，也得受“武家之法度”的制裁。在这方面“法度”只是社会习惯，并无法律可循，几百年来冤枉而死的妇女不知凡几。但江户幕府中期以后武士生活艰困，市井商人渐抬头，不必诵读《女大学》的市井的女人，因家中有钱也渐渐抬头。

市井女人

日本的町人（商人）一向居四民之末，受人歧视，但幕府中期以后，武士阶级普遍贫困，许多武士向町人借贷以维生。町人的势力慢慢做大，不管《女大学》，也不服三从七出的市井女人，开始开拓自己的人生。据幕府末期出版的《守贞漫稿》的纪录，当时妇女可以从事的职业，计有五十多种：包括游女、艺妓、巫女、养蚕、缝衣、梳发师、组物师（架构纸门的技师）、绀搔（染布师）、造扇、制面条、做豆腐、产婆、女医、游艺师……

等等。有了职业之后，女人的发言权提高，围绕在职业女人周围的女人不时举行“井户端会议”（在共用的井旁边高谈阔论），有时也形成一股抗男势力。于是有时相偕出去，到“汤屋”（洗澡店）洗澡，也相率去学茶道、插花、弹三味线、出入剧院、上寺拜佛，有些程度的也去拜师学和歌、俳句，及各种艺能；其中，也有专攻一业、专心一事而成就事业，留名青史的。

出生于筑后（今福冈县）的傅小姐是米店的女儿，她生于天明八年（一七八八）十二月，“傅”是她的名字，无姓，因为她的父亲是商人，名源藏，本来无姓，店名“桥口屋”，在那时代店名往往就和姓一样称呼。当时的女子从小就学习织布，一日，她发现自己所穿黑色的工作服，因摩擦的缘故有多处变白了，她突然想到如果织布时使用一部分白丝掺在黑丝中，就可能织出黑底白花的布，增加美观。她用心摸索织成了黑底白花的布，取名“雪降”，卖出后大获好评，附近的织女纷纷前来求教，她也毫不藏私地将秘诀告诉她们，于是地区出产的“絣”布成为名产。“絣”是磨擦的意思，利用这个想法可以变化出许多种不同花样的布，布的价值提高，也有人前来求婚。她于二十一岁时嫁古贺地方的井上次八，成为井上太太，陆续生了二男一女，但一直继续从事织布。她在所生产的产品上标示“久留米原”古贺织屋阿傅产品卖品，也就是在商品上标示了娘家及夫家的地名。二十八岁时她因丧夫，移居娘家附近的通外町继续经营。

狂歌度日亦风流

日本的和歌，以五七五七五七七共七句，四十三字为标准，俳句以五七七共十七字三句为标准形式；和歌善于咏情，俳句长于寸言说中人之心或物之状，是世上少有的短诗形式。有人利用和歌的形式，但不言“正经事”，说些歪理、诙谐的话，则称为“狂歌”；利用俳句的形式，但尽说风凉话或消遣别人的话则称之为“川柳”。狂歌和川柳是戏谑之言，一般不认为是文学。

市井的女人，学问不多，才情有限，但聪明而口才伶俐者就能作狂歌或川柳以娱乐自己，嘲笑世态。

譬如：“情夫今夜来，先到当铺当银钗。”可怜的女人自嘲，要先到当铺筹钱，才能款待情夫。又：“袖袂遮不了，那大腹便便。”嘲笑和男人玩过头肚子大了的婊子。有名智惠内子者，机智好强，奚落她丈夫：“若非妻子太能干，怎她一出门你就焦头烂额？”“挥动小袖装得意，袖里面都是补烂。”与内子称狂歌双璧的“节松嫁嫁”（艺名），其夫常到金粉地吉原去玩，玩到白天黑夜都不回家，她做了一首狂歌：“家里让它变成荒野长野花，花未凋前勿回来。”

德川幕府时代，为奖励“武士道”，常特许枉死者的子弟为父兄报仇；报仇在日语中曰“仇讨”，一般都在武士之间发生，

奥村政信作《钉拔越后屋店头之图》，描绘了江户本町三井商号越后屋的营业场景，其中我们可以看到江户时代市井女性的种种神情。

且由男人去找男人的仇家报仇；但也有例外地由市井女人出面向武士报仇的。

有仙台藩剑术指导田边志摩为细故手刃农夫四郎左卫门，四郎有两女，长女名宫城野，次女名信夫，当时才十一岁及七岁，投靠仙台城下另一剑术指导泷本传八郎家做女佣。后来传八郎发觉两姐妹偷偷学剑术，询问之下得知两女有血海深仇，乃亲自指导剑法且替两姊妹申请报仇许可，终使姊妹得报不共戴天之仇。这事曾轰动一时，后来经歌舞伎、净琉璃（戏曲）等改编演出，这戏码流传至今。

此外有烈女阿初为女主人报仇、小万为父报仇等事迹，在使人感叹女子并非弱者，市井女人至此也算是扬眉吐气了。

元禄四俳女

自西元四世纪到现代的一千六百多年日本文化史上，日本一直有一种全国遵行的诗歌形式，叫做“和歌”。“和歌”原是“唱和之歌”的意思，后来渐有不相唱和而一人独吟胸怀的歌出现，久之，“和歌”渐被解为“大和之歌”，也即日本特有的诗歌形式之意了。在日本历史上代代有杰出的和歌创作者，蔚为盛况，也留下了《万叶集》以下数以百计的和歌集。这中间，有人只取和歌句式“五七五七七”音的前半“五七五”而成句诗，做些轻松幽默、诙谐的游戏文字，名为“俳句”，如“谈林派”中人。到正保年间（一六四四）有松尾芭蕉者出，力倡以古拙之语言，呈现静寂苍古之境界，为“俳句”确定了其高古之风格，自此俳句成为日本“和歌”以外另一种短歌的形式。芭蕉之后有与谢芜村、小林一茶、正冈子规等诗人继起，这是很多人都知道的事情。但是否像和歌史上的女诗人一样，也有在俳句史上成名的女子？写俳句的出色女子其实也不少，只是她们做人低调，在亦师亦友的男俳人旁边较被忽略，譬如元禄年间就有好几位杰出的女诗人都留下很好的俳句。

元禄四俳女

俳人正冈子规在其著作《獭祭书屋俳话》（明治二十五年版）中曾有一文《元禄四俳女》，其所举四个女子为舍女、智月、园女、秋色。子规以花为类比，谈这四位女子，他说："元禄年间，游于俳句中的妇女当以舍女、智月、园女、秋色为四杰。舍女如鸢尾花（燕子花），美貌之中亦有气势；智月尼如莲花，清净洁白，不染尘，观其色不觉得是尘世之花；秋色如瞿麦花，在微风中摇动，自然，自得，自适，恬淡；园女如紫阳花，姿势强健，心地温良，如俳谐之有虚有实，如花风情，日夜不失其趣。就俳句创作而言，园女最佳，见识为男子所难及，写作不失妇女姿势，诚难得之女杰也。"日本人自《源氏物语》以来，爱将女子比喻为花，子规亦不例外。

舍女（一六三四～一六九九）出生于丹波国（兵库县），父亲是武士，其母生了她一年后就去世，父亲后来就任职田家空出来领地之"代官"（幕府派任之官员），可见是官宦家庭。其父名季繁后来续弦，这位继室带来了一个和前夫生的儿子季成，要求季繁将女儿嫁给儿子，于是舍女于十八岁时嫁给

熊野速玉大社藏菊唐草莳绘手箱，这套保留完整的古时日本女性化妆用具是非常珍贵的。

二十七岁的季成。这位季成专攻儒学，颇有识见，于季繁去世后袭位为代官，夫妇和顺，常共吟咏和歌俳句。

宽文六年（一六六六）贞门出版十九俳人的作品。舍女也有三十六句入选《独吟集》，这三十六句全是恋诗，巧妙诉述恋情之作，时舍女三十三岁，已为四男一女之母。她曾与芭蕉一样拜季吟为师，但始终与芭蕉缘悭一面，同僚曾吟俳句："玉露如珠光，奈何弃置柏原乡。"意思是婉惜她的才华。

一六七四年，其夫季成去世，对舍女而言有如从断崖上跌落深渊，她吟了多首"悼丈夫季成"俳句及和歌，如："秋夜醒来梦中寒，秋风不像从前风。"不久她"落饰"（落发）为尼，为盘珪禅师之弟子，庵居于播州网干之龙门寺，称"不彻庵"，自行订定规矩十五条，过寂寞的生活。一六九八年在三十名尼众的送行中辞世，享年六十五岁。

奇女子园女及智月

园女（一六六四～一七二六）是奉祀日本开国女神“天照大御神”的伊势神宫的神官秦师贞的女儿，她自幼常有奇行奇言，长大后嫁当地医师斯波一有。元禄五年（一六九二）随夫迁居大坂，在日记中写：“离开神殿古都，来到此地，迎接不同的春天……”还附俳句一首曰：“沦为难波女不知从何问起。”（难波为大坂之旧名）大坂是商业都市，她从神殿古都来此，大概有些失落吧。

元禄十六年她丧夫，于一七〇五年到江户依附俳人其角，另一方面也行医为人治眼疾，也指导后进学俳句，六十三岁而亡。俳人正冈子规曾批评她：“缺乏妇女之婉柔谦逊。”但她在《答云虎和尚》中说：“我只是柳绿花红直叙其事为歌而已，若谓这是无益的口业，那么一切经文皆属无益之口业。死后上极乐或堕地狱也都不必计较，一切法皆彼岸之事吧……”

智月（一六三二～一七〇六）出生于京都宇佐地方，年轻时曾在宫中侍候女官，后来嫁传马役河合家，因无子纳胞弟乙州为养子。但丈夫不久后去世，智月出家为尼，号“智月尼”，悼夫之俳句有“寒风沁身告别日”、“秋鸠声，以为只他知寂寞”。亡夫第七年忌日有几位尼姑前来共祭，智月为文：“来者皆同道。

箱根美术馆藏《汤女图》，图中描绘的仕女可以说是江户中前期美女的典型形象。

与我一样像稻草人那般寂寞的人……”

俳圣芭蕉曾于元禄二年岁末到大津来访问智月，两人曾作联歌（一人吟上句，一人吟下句，合成一首和歌），芭蕉吟：“雪中恳谈少将尼”，智月接句：“君是真砂，此地吹枯叶”。少将是另一位芭蕉很欣赏的尼姑，她因曾吟一首和歌：“飞鸟尽鸣叫，不知我闻音多辛悲”，而得名“音之少将”。芭蕉与智月见面时恭维智月像少将一样清秀，智月接句恭维少将是真的砂，而自己只是飞尘而已。

芭蕉告辞回上野，智月煮菜备酒打包让使者尾追去送给芭蕉，芭蕉托谢函带回去，智月阅信见信中意思缠绵，为之泣下。五年后，芭蕉去世，智月亲缝寿衣为之送终。

多情秋色

秋色（一六六九～一七二五）原名阿秋，出生于江户小网町一家卖糖果的老铺，嫁大目寒玉，而夫妇都拜其角为师。寒玉原做旧衣买卖，后来改行开面店，其师其角就常常来到面店和秋色及寒玉聊天喝酒，然后吃了面才回去。其角在这面店不但吃面喝酒，且与寒玉夫妇，有时面对诸多弟子，肆无忌惮地说疯话，并披露其生平曾到过的风月场所，可能也使寒玉夫妇甚感为难，只好劝老师节制饮酒，适可而止，但其角常常是喝到酩酊大醉，醉倒了才作罢。为此，秋色后来有悼念其角的俳句：

喜多川歌麿作《妇女人相十品》中一位手持烟管的女性形象，烟草和火绳枪一道在十六世纪传入日本，不仅在町人和武士中成为嗜好品，喜好吞云吐雾的女子也不少。

“今日不劝恶酒癖，只在灵前供鲜花。”

其角于宝永四年（一七〇七）去世，时为二月二十三日亥时，他与青流互连俳句，吟到“渐渐睡意重……”而逝。遗著《类柑子》有秋色的连名，其中提到秋色其人，曰：“秋色虽是女子，但负笈甚久，是有心人。忌日，祥日常张罗忙碌。”秋色是由心底敬爱其角，悼师俳句有“日日合掌供百合”句，令人恻然。

秋色于享保十年（一七二五）四月去世，享寿五十七岁，辞世之句为：“长梦醒来见，燕子花。”

江户时代的日本文学，一般说来没有平安朝的优美、高雅、高迈、浑厚，但出现了近松等人的戏剧，西鹤等的女性悲剧故事，及芭蕉、芜村、其角等的俳句，呈现了接近近代的模样。几位女俳人也在为人母、人妻，辛勤工作中，吟出了撼动人心的俳句。有些作品，后来汇流到“文明开花”的明治时代，而在西欧文化思想濡染中，为与谢野晶子、若山牧水、石川啄木、北原白秋、夏目漱石、芥川龙之介等才人继承下去。

乱世英雌——笃姬

年度大戏

日本NHK每年都在每礼拜日晚八时（台湾时间七时）播一出古装剧约五十集，大部分以日本历史上真正存在过的人物、事件及时代为内容。最近几年播过的包括《风林火山》及织田信长、丰臣秀吉、德川家康等人物写照。二〇〇九年播了以女性为主角的《笃姬》，二〇一〇年继承笃姬的时代，播出《龙马传》，这出剧在年底以明治维新做结束。

NHK，是日本国营电视及广播电台，全名为“日本放送协会”，采独立经营方式，不播商业广告，向收视户收取收视费，有部分政府的补助。其经费比民营电台充裕，年度大戏，精益求精，不但做得有声有色，且慎选题材，细心考据，不但所有房屋、器皿、车马皆经考据，连风俗习惯、语言都经学者指点。

譬如“大坂”这都市，今日发音是“Oh-sa-ka”，但江户幕府时代念“Oh-za-ka”，剧中就一定念古音；现代语从前所没有的，一定不会在古装戏台词中出现等，其制作之精致，只英国BBC及德国国营电台差可比拟。《笃姬》，是NHK第一部以历史上实存的女人为主角，并以其名为剧名的电视剧，到底笃姬有什么特别之处？

笃姬幼年

笃姬，出生于日本天保七年（一八三六）二月十九日，乳名叫“于一”，她的父亲名“岛津忠刚”，母名“阿幸”，有兄长三人，分别是“忠冬”、“久敬”及“峰之助”。父忠刚是从九州萨摩藩分出来的第十二代孙，是禄位只有一万一千石的小诸侯，相较之下，萨摩藩的当时藩主岛津齐彬，享禄七十七万石，是日本三百诸侯中的第二大诸侯，仅次于享禄一百万石的加贺藩主。是以忠刚与齐彬间往来，名虽亲属，实如主从，小心谨慎的忠刚，见面时只能唯唯诺诺。

齐彬以贤名闻于内外，当时的诸侯如松平春岳曾极口称赞齐彬是“治世（太平）以来不多见的英主”，西乡隆盛也说：“他的贤明，非可一言道尽。”他就任为萨摩藩主以来，为了就近能与大将军见面，一直住在江户的邸宅，不曾回到自己领地。嘉永四年（一八五一）二月，齐彬绕道东海道探访好友之后，

天璋院笃姬晚年照片（尚古集成馆藏）

决定回家一趟，当时笃姬学名敬子，十六岁。

齐彬回国后，决定和岛津家祖先以来分出的堂兄弟们，共二十一家的家人会面。笃姬之父忠刚得知要与领主见面，第一个担心的是：女儿敬子长得美丽，万一被领主看上，要收为妾媵，如何是好，妾虽然说是姨太太，但在嫡妻前如同婢女，他决不愿敬子去做任何人的妾，但他又没把握能拒绝齐彬。家人会面的日子前，忠刚有好几晚，夜里都没睡好，他一再和阿幸谈这件事，阿幸说只好听天由命。会面之日全家一齐行了礼之后，齐彬和所有人不论大人或小孩，轮流一对一见面，大多是礼貌地寒暄一句就过去了。

轮到笃姬时，笃姬小心膝行而上，寒暄了一句正想退下，齐彬说：“过来一点！”笃姬又膝行接近一些，齐彬问：“你读过书吗？”“是，我很爱读书。”“都读哪些书？”“《白氏文集》及《和歌集》等……”“还有什么书？”“史书。”“什么！史书？”“是，读《日本外史》。”“赖山阳著的《日本外史》吗？”“是！”“好个女子！竟能读汉文！”“回领主话，并没读完，因讲解的师傅病了，所以只读了十五卷。”“很好，剩下的七卷书我送给你，希望你在下次见面前读完！”“谢谢领主！”这是笃姬一生最大胆的对答。忠刚见女儿与领主说了那么多话，更加紧张，但后来事隔一个多月，领主那边也没送《日本外史》的卷册过来，也没什么消息。敬子以为领主那送书的话是随便说的，心中颇感失望，忠刚则慢慢放下了心。

两个多月后，齐彬突然派了使者来叫忠刚过去和他单独见面，忠刚紧张万分前往，不期领主却提出希望收敬子为义女。忠刚大喜，回来和妻子说：“这一下敬子的前途大大有希望了，将来有可能嫁给诸侯国的藩主或其嫡嗣，也有可能嫁给京都的公卿……”

但齐彬心中其实打着另一个主意：两百多年来独揽大权的幕府将军，实际权位早就凌驾天皇，为此历代将军娶谁做“御台所”（嫡妻），一向是各诸侯国及左右权臣勾心斗角的焦点；齐彬既为大诸侯国的藩主，当然也想找一个容貌端庄美丽的女子当做自己的女儿，设法将其嫁给幕府将军，则自己在外有武力，在幕府内有内应，将可成为举足轻重的人，可以做很多事情。

麻雀凤凰

齐彬真把敬子认为义女，并准备将其送往江户邸宅，以便教习大将军后宫礼节谈吐，伺机而动。教习礼仪的女官几岛来接已改名为笃姬的敬子，翌日坐轿子出发，萨摩藩群臣及笃姬的父母都在路旁跪地恭送，母亲叫“姬样”（公主）而不名，以极谦卑的言语祝她健康愉快，笃姬见状，才觉得父母兄长都变成遥远的人了！泫然欲泣但也不敢哭，深怕失态。

来到江户邸，第一件大事是要和“英姬”见面，英姬是前大将军的女儿，送给一桥藩主为义女，而后嫁给齐彬的。笃姬一路想象和这位义母见面要说些什么话，自己孤伶一身是否能在这位义母身上找到慈爱……

桥本周延作《千代田之大奥》，描绘了将军后宫女性的生活场景。

终于见面了，出乎意外地，义母前面隔着一张竹帘，母女见面需隔帘而见吗？笃姬有些疑惑。只听英姬说：“是笃姬吗？抬起头来！”笃姬将准备好的话说了一遍：“小女是岛津忠刚之女，此次承太守阁下抬爱，收为养女，今日得见慈颜，甚感光荣，望以后多赐教诲。”良久没有声音后只听对方说：“以后多听小岛指导就好了……”就此英姬已站了起来慢慢走出去。

笃姬没有想到首次“母女”见面竟是如此冷淡，半晌说不出话来，小岛及几岛凑过来好歹劝慰，说：“今日是形式上的见面，改天再见，情形当会不同……”但笃姬只觉得这位母亲并不喜欢，也不稀罕她这个养女！

英姬原是将军之女，经一桥藩收养，嫁了齐彬，本来美丽能干，后来患痘疮，医治无效，面上留下痘斑，从此深居简出，不喜见人。这一段是笃姬以后才听说的。

齐彬一直计划把养女笃姬嫁给现任幕府将军德川家定，但眼前尚有一个阻碍未能排除。原来权倾后宫的女执事名“姉小路”者，也一直计划着要说服皇族郡主线姬嫁给家定，而其背后也有好几个大藩藩主支持她的计划。但最近幕府里爆发出一桩丑闻，就是上任将军家庆的丧礼决定在增上寺办，牵涉了姉小路拿了增上寺的贿赂。姉小路的辞职对齐彬而言是好消息，他觉得时机有利于送笃姬进江户城与家定举行婚礼。

懦弱的丈夫

在两百多年中传了十五代的德川幕府，德川家定是一个可怜的将军，他身体不好，不耐久坐，脑部也有些毛病，常常对属下说些不得体或轻率的话，让人笑话。他曾经娶过两个嫡妻，第一位是皇族出身，夫妇恩爱了七年之后死去；第二位貌丑陋而不为家定所爱，婚后一年半便死亡，死因不明，传说是家定叫人将之刺死的。他娶两任妻子都未生子，大家都相信他是“无能”生子的，这些事，笃姬都不知道，也无人告诉她。在那个年代贵族家庭里的人，人人都有心腹，人人都透过交际建立情报网，但笃姬迄今连一个可以说悄悄话的丫头都没有。

齐彬原以为笃姬进将军府的事已十拿九稳，一日与水户藩藩主见面也当面请水户齐昭“多多支持”，获得水户侯的首肯。但数日后，却意外地听到消息，说水户侯曾与属下说了一句话：“岛津侯将女儿送入将军府，将来成为将军岳父，可以为所欲为了！”齐彬听到这消息，十分紧张，叩问与水户侯亲近的人。据此人回答：“水户侯等人一向支持一桥庆喜继承现任家定之位，大人若能明确告诉水户侯，愿同心协力推举一桥为下任将军，应可解除水户侯的疑虑……”齐彬为此走访水户，当面表明支持一桥的意思，得到了水户的谅解。看来这事应不会再有意外了，齐彬当然也再三交代笃姬，入府后要运用对将军的影响，推荐一桥，并反对纪州庆福入嗣，这件事后来成为笃姬终生的负担。

笃姬终于嫁入将军府了，此时将军家定无嫡妻，只有一妾叫阿西嘉。阿西嘉目前已三十三岁，违反妻妾三十岁以上就得自行辞却陪寝的惯例，到现在还常常纠缠将军。

笃姬“入内”后，家定以他一向排拒不熟的人的习惯，对笃姬甚为冷淡。后来有几次和女官发脾气时，笃姬在旁替他训诫了女官，家定见笃姬训人时语言明白，态度尊严，觉得此妇以后可以替他挡掉无谓烦恼，开始对她有好感。数日后，家定首次到笃姬寝室共寝，但以自嘲的态度告诉笃姬：“我是不会生孩子的，你别指望……”笃姬此时已知家定的毛病，温婉相对，告诉将军身体重要，生不生孩子并不重要，家定认为笃姬见识和别的妇女不同，大为赞赏。从此家定数日就来共寝，两人并排安眠，睡前也常常说说话，但家定常常说话说到高兴时突然望望邻室，就此打住睡觉了。

夫妇情深

原来将军与妻妾共寝，有一个规定，邻室必有两个女官，彻夜不眠，听将军与妻妾的对话，这是为了防止妻妾趁共寝之时，向将军索求其父兄官职的升迁，或说哪个女官的坏话。家定不敢废止这个规定，但很在意邻室监听者的存在，所以常常不敢畅所欲言，甚至不敢谈情说爱。

笃姬将此事告诉几岛，几岛又找泷山（将军侍女）商量，决定改变规定，以后嫡妻陪寝时不安排“御伽”（邻室监听者）。

结束幕府

家定无子嗣，其继承人到底是一桥庆喜或纪州庆福一直未定，笃姬出嫁前受养父齐彬密嘱，务要推荐一桥；但见过两人之后，自觉庆福较忠厚可靠。此时日本受列强要求开港贸易的压力，国内舆情哗然，长州藩公开反对幕府。家定不久病死，

江户城（今皇居）正门石桥以及伏见橹

由庆福继任幕府将军，笃姬依传统成为庆福（此后改名为家茂）的母亲。家茂身体亦不好，为“尊王攘夷”之密命未能顺利实行，屡受朝廷之谴责，此时萨摩及长州两藩，擅自炮击美舰，又公然表态叫幕府“还政于天皇”。家茂为此再三赴京都与朝廷沟通，不久死在京都，时为一八六六年，家茂只二十岁。一桥匆忙继承将军职，他早已看出德川幕府已失去内外的信任，在长州、萨摩西藩志士的围攻下，不愿再苟延下去，于一八六七年奉上“大政奉还”表于天皇，结束了日本两百六十余年的幕府政权。此时正是《龙马传》（已在 NHK 频道播出）中的龙马在海上建立日本海军，准备与幕府军一决胜负之时。一桥送出还政表时，事实上萨摩藩的重臣西乡隆盛已率朝廷军队，准备围攻江户城，城内震动，人心浮动。笃姬主持大局，亲草密书派人持交西乡，劝他得饶人处且饶人，西乡曾受笃姬亲父之恩，见书慨然允诺，按兵不动。笃姬故乡晚辈送书表示愿奉笃姬回家安度余年，笃姬婉谢，即日落发为尼，移住京都附近尼庵，临行时江户城几岛以下数百宫女皆洒泪送行，江户城于三日后“无血开城”（没有战争流血而和平移交）。日本从此在“明治天皇”的统治下，实行“明治维新”，吸收西洋文明，走上现代化的道路。

笃姬，在她出生的年代，所处的社会里，发挥了一个才女所能发挥的最大的能量，贡献社会，贡献国家，最后完成了自己的人生，是一位近乎完美的日本女性。

反战诗与艳歌——千年一见的女诗人

日本的明治维新，开始时以政治革新的气势雷厉风行，但随着机器文明及西洋思想的输入，演变成文化潮流，甚亦沉淀成文学及创作意识的近代化与个人化。明治二三十年（一八九〇年代）后，托尔斯泰、雨果、拜伦、歌德等的译作大量流入日本；日本的文化人开始质疑“皇国神圣”、“天皇至上”的教条，而有个人主义、思想自由的想法。

第一首质疑天皇的诗作

一八九四年，日本为朝鲜支配权与清开战，社会上已有人抗议开战之不当。一九〇四年，日本又大举外债投入庞大资金向俄国宣战，为了旅顺围城战不顺利，强行征召敢死队从军，当时以和歌集《乱发》风靡全国的女诗人与谢野晶子之胞弟也

与谢野晶子，她不仅是一位出色的女流诗人，更是明治大正时代著名的女权运动者。

被征调参加旅顺围攻战。女诗人大为不满，作了一首反战的近体诗在媒体上发表。诗曰：

啊，弟弟，我为你哭，你绝不可死。生为末生儿，父母深疼爱，从未曾教你，握刀去杀人。养你二十四岁，不为教杀人。

堺港旧城市，吾家夸老铺，你当继祖业，慎勿轻生死。旅顺城将陷，不陷又如何，我家世经商，不豫征战事。

你绝不可死，天皇居九重，征战不亲临，杀伐血成河，死沦畜生道，犹以死为荣，圣心称仁慈，为何忍坐视？

啊，吾弟你在战场，慎勿轻生死。爹爹去秋逝，寡母独守家，子离家萧索，虽然称圣代，头上白发增。

暖帘影下泣，弟媳日夜悲，你尚记忆否，新婚才十月，少女情何堪，唯望再团圆，此外更何求，你慎不可死。

诗刊出，舆论哗然，有大町桂月者在明治三十七年十月号《太阳杂志》上刊登评论，指女诗人为“乱臣贼子”，也有人从晶

京都市东山区永观堂内的与谢野晶子歌碑

子家围墙外掷石抗议。

这首诗不但反战，而且是日本诗史上第一次有人作诗质疑：“天皇居九重，征战不亲临”、“圣心称仁慈，为何忍坐视”、“虽然称圣代，头上白发增”。这些，是对神圣的天皇的挑战，而由当时二十六岁的女诗人为之。难怪，直到今日，日本人推崇晶子为“东方的拜伦”、“近代的莎弗”（Sappho，古希腊女诗人）。真正的浪漫主义，在日本，是由晶子开启的。

新女性晶子的浪漫

晶子，明治十一年（一八七八）十二月七日出生于大坂附近堺市，堺市是当时日本与朝鲜、中国等地贸易的港口，也是新文化的输入口，晶子父名凤宗七，是当地的糕饼商。她七岁入小学也上汉学塾，十二岁自修《源氏物语》及《古今和歌集》，二十三岁时成为“诗社”会员，认识了从东京来的诗人“与谢野铁干”。她与铁干的相识、恋爱、结婚期间所写的和歌，大部分收录在其和歌集《乱发》中，这些情诗、歌颂人生的诗，在文学的意义上，比她的“反战诗”还要惊天动地。因为，这些是在她以前没人敢写、敢想的诗，也是在她以前无人能写得如此亮丽、凄艳的诗。且看她少女时代的自我讴歌：

长发五尺，入水柔软少女情，心思不告人。
少女二十岁，梳云流出乌发长，美如骄春。
去清水，走过祇园月下樱，今宵逢人皆美丽。
似觉有人等，出见花畑一片月。
天意叫我惩男子，赐我长发美肌肤。

这些和歌，有自恋意识，有胆敢歌颂自己的自负，语言多采，气势亮丽，有视觉的美。后来成为她丈夫的与谢野铁干，初见她时作歌：“未逢君时太浅虑，自为天地第一人。”而她对此也未谦逊，回歌曰：“蛾眉承赞美，但愿歌咏济当世。”

惊世骇俗的艳歌

日本的和歌自《万叶集》以来有七百多年的传统，人才辈出，蔚为日本文学史上最重要的诗歌形式，其所累积之表达模式、语言词汇、情感意态极为丰富。“和歌”原意为“互相咏和之歌”，后来成为“大和”（日本）之歌，千年于兹。到了明治三十年后，有一派诗人不说“和歌”而说“短歌”，其意要使和歌突破典雅优美之传统，成为如西洋诗歌之有力呈现生活的文字，主张最力者为与谢野铁干。他创办诗刊《明星》，号召青壮诗人如漥田空惠、高村光太郎、石川啄木、北原白秋、佐藤春夫等济济多士，首先把三十一个字音和歌从原来的两行写成三行或四行，创造新的诗语、说出大胆的思想，披露激越的感情，此时晶子也以“凤晶子”之名在《明星杂志》上发表和歌及新体诗。

备中松山城迹公园中的与谢野铁干和歌碑

明治三十三年（一九〇〇）与谢野铁干到大坂演讲《诗的理论》，与当时二十三岁的晶子相识，晶子及另一女诗人山川登美子称铁干为“老师”，陪“老师”旅游京都。同年十一月，三人再度相偕旅行，一路上三人作和歌、互相唱和。登美子作歌：“星下不敢高声说，百合白荻上有神。”以“神”喻铁干，以百合喻自己，以白荻喻晶子，三人之间很快发展出情愫。但登美子已有未婚夫，最后只好“红花悄悄让与君，背后饮泣摘忘草”，从此晶子、铁干走入不顾前后的恋情。这时期的歌作有：

不言道，不思后，不问名，我恋，恋我，今日见君。

春苦短，不灭之命何在，乳在此，手来握。

容我叫师父，红唇羞启齿，不敢称朋友。

柔软肌肤未曾触，君不寂寞耶尽说理？

我心恋君直高扬，亲也渺小，道也渺小。

近代日本文学及和歌理论之权威佐佐木信纲，曾批评这些歌为：“娼妓夜莺之口吻，乱伦劝淫之言也。”连当时在东京大学任教的晶子胞兄也写信请其父，“务请劝戒胞妹之任性”。但二战以后的日本文学史家皆称赞晶子为：“和泉式部以来千年不一见之天才诗人，比西方之拜伦、济慈等犹有过之……”识者咸认为晶子大胆表白真实的感觉，将现实作现实以上的夸张，创造了现实以上的诗之梦、诗之浪漫，是浪漫主义的极致。

晶子嫁与谢野铁干后，生五男六女，在家为贤妻良母，对外成天才诗人，而她除了写反战诗之外，对社会、人事、人性也有犀利观察。其批评祖国日本的近体诗《或国》（一个国）曰：

僵硬而表面上喜欢讲义气之国，

轻佻而杨花水性之国，

无支那人之耐性，浅薄而自私之国，

无美国之富而爱美国化之国，

凡事既不怀疑也不感动之国，

男人都弯腰成为宿命论者之国，

天真，乡愿，万万岁之国。

今日，许多日本人都觉得这首几十年前写的诗，说的好像是今日的日本；是的，“预言者是诗人的同义辞”（按：塞内加，古罗马哲学家）。晶子出生于明治十一年，殁于昭和十七年，享年六十四岁，跨越近代日本三个朝代。比她晚五年出生的诗人高村光大郎在其近体诗《吊与谢野夫人晶子先生》中说：

夫人来世间，
日本有新歌，
歌声彻寰宇，
高雅、厚重、馨气远。
……

这诗代表昭和以后，日本人充分了解了她的诗。

日本女性的沧桑

日本女性，以妩媚、柔和、优雅的行止，温婉的谈吐，及熟知自己做一个女人的角色、责任，应该做什么及不应该做什么而闻名世界；娶日本妻子，曾经与吃中国菜及住西洋房并列为人生三大享受。

日本女性中有许多优雅、温婉的气质，是经过漫长的磨练及教养的，这些磨练及教养，历代有所不同。可分为几个时期来回顾：第一时期是神话建国的时期；第二时期是平安王朝时期；第三是幕府统治时期；第四是明治维新以后敞开门户，纳入西洋文化的文明开化时期。

建国时期

这时期包括西元前到西元后四百年的“绳文文化时期”、“弥生文化时期”、“古坟文化时期”；自大和时期后依建都所在地而称“大和时代”、“飞鸟时代”及“奈良时代”。

群马县鸡冢出土的殖轮土偶，是一个背着孩子的母亲形象，温柔贤惠、相夫教子的传统“大和抚子”形象，从遥远的古代便渐渐地定格了下来。

日本的建国除神话外，较可信的是中国的史书《三国志》中的《魏书·倭人传》中有一段：“倭国乱，相攻伐，历年乃共立一女子为王，名卑弥呼。事鬼道，能惑众，年已长无夫婿，自为王以来少有见者，以婢千人自侍。唯有男子一人给饮食，传辞，出入居处……”建国伊始，为王者竟是女王，可能的解释是那时代还是母系社会的时代。但后来还有神功皇后，她是第十四代皇帝的皇后，以“神谕”为借口命丈夫带兵出征，丈夫不愿，她即自己率军攻打朝鲜，因此死去。后世史学家怀疑日本开国女神天照大神、卑弥呼及神功皇后是“开国三巫女”；大家相信巫术的“古代”，巫女为王，尚可理解。但到了西元五百年后有钦明、敏达、推古、齐明、持统、元明、元正等七、八个女人或自立或靠拥戴，而即位为帝，能干的女人也太多了！许多人到日本观光回来，说日本妇女都在家侍候丈夫，地位很低。错了！日本自建国以来，大事业都由女帝完成。日本古代最大的一次政治及社会改革，就是女帝推古天皇支持

京都石山寺庭中红叶，紫式部曾在这里撰写《源氏物语》。

她的侄儿圣德太子完成的！而其他登上帝位的女帝，都是经过极激烈的人事斗争与谋略的运用而即位的，看过这一百年的历史，再回顾武则天的“厉害”，就令人觉得不过尔尔了。历练真是会遗传给子孙的，日本的女人就这样，继承这些前辈女帝，坚强地活下来。遥想当年，她们是活在女人自己作主的社会、伦理及意态中的。

在这些年代里，持统女帝深沉而大度，于皇帝丈夫死后先“称制”而不即位，慢慢培养声望，终于即位而成为日本历史上第一位完全专制的皇帝。额田女王游走于皇帝与皇弟之间，毫不胆怯，吟出了上百首奔放热情的和歌，丰富了歌集《万叶集》。这些杰出的女强人，在以她们的能力及豪情成为后世淑女的典范，今日的日本妻子含笑看着男子撒赖饮酒，因为她们自信，这些男人是造不了反的。西元七一二至七六五年期间，日本派第七次及第八次遣唐使到长安，唐诗正从六朝遗风蜕变成盛唐气象，遣唐使带回日本的汉字、汉文、佛教文化，迅速融入日本文化，平安王朝呼之欲出。

平安王朝

西元七九四年，桓武天皇迁都于今日的京都，以天皇为首，以摄政大臣或“关白”为首辅的政治体制完全成立。参与政治的大臣以下官吏，多年后形成贵族社会，如同中国的“魏晋风流”

一样，他们的生活，在风雅的建筑、优美的衣裳及高品味的谈吐中，诞生了绚烂的诗歌文学，及大胆奔放的恋爱情调。自幼就有机会和兄弟们一起诵读《史记》、《汉书》及唐诗的贵族女子，多数受聘为宫中的女官。不世出的女诗人及作家，如紫式部、清少纳言、和泉式部、小野小町相继出现，执诗歌之牛耳，大胆地与男诗人及高官们议论风流、应酬和歌。这时代的才女，不出名则已，一出名都是流芳千古的天才，她们不但卖弄和文，也卖弄汉文、汉诗；这个卖弄汉诗的风气，后来成为达官贵人的风尚，不但文官卖弄，武士、武官也卖弄，学者如赖山阳更以汉诗与女弟子诉情爱。后来的汉字与汉文，一部分始终维持其为汉文的形态，另一部分融入了和文（日文）中丰富了日本语言的表现形式及深度。开始做这种工夫的是女才子清少纳言，她的同僚还曾骂她卖弄汉文，但后世认为她实在卖弄得很好。今日，如果读者看夏目漱石等作家的作品，仔细看，有些文字虽是和文，但使用的语气可以明白看出那是汉文口气——当然是文言文的口气。而日文的文言文，其实就是汉文读成和音，日本有文言文以前的古文，但那古文，是现在日本大学生也不易看懂的。西元一一八五年，武士势力抬头，武士统领源赖朝在镰仓成立幕府，结束了优雅的“摄关政治”，从此日本走入幕府统治时期。

幕府时期

所谓“幕府”，是一个武士的集团，他们在统领的领导下南征北讨，最后成为诸侯中最强有力的诸侯，于是靠武力逼迫朝廷封统领为“征夷大将军”，而实质上“代替”天皇统御全国。这做法比中国的朝代更迭客气些，就是表面上仍奉天皇为最高领袖，以符合国民尊天皇如神的崇拜心理，事实上如果天皇“太不识相”而常有摩擦，将军也常逼天皇让位给太子或其他比较懦弱的皇子，甚至皇女，日本史上有些女帝就是这样出现的。

幕府政权除了要求属下武士绝对服从外，其道德说服来源是“武士道”精神，武士道听来好像很炫，其实就是儒家的精神加上侠义的行为原则。幕府不但要求属下服从，也要求属下的家族妻女服从，较体面的武士要嫁女儿或娶媳妇，都需经上级认可。女性的自由到了这个时代被压缩到只能对上级及丈夫唯命是从，以《女诫》及《列女传》为范本而写出来的《女大学》，成为这个时代的妇女经典。这个《女大学》的理论基础是劝妇女自律、服从、温顺谦卑，以示妇女是自愿谦卑而非受压迫才低头，多数武士的妻女都接受了这样的“宿命”。少数不低头者如细川夫人，活了寂寞孤单的一生最后自杀而亡，这时代的市井妇女，反而有相当程度的自由。

明治时期

明治维新推翻了幕府专制，推翻的不只是幕府，而是维持幕府体系的那套“道德专制”，这里面包括瓦解了对妇女的某些束缚，只留下“天皇神圣”的神话，及不可批评政府的禁忌。迫不及待的诗人与谢野晶子，写诗批评日俄战争的正当性，投下了妇女思想解放的第一弹。其未被迫害，表示当时的日本政府及朝野已经有一些有识之士，而令人欣慰的是，这些有识之士不全然是男人。日本从这个时代开始，“女作家”已不再只是做和歌、吟咏风月、倾诉情爱的诗人，而是济济多“女”已警觉到国家社会及文化的兴衰。“匹女有责”，她们，凝视人生，观察社会及家庭的变迁，及变迁的轨迹、意义，写出了与西方写实主义文学等量齐观的小说及评论。这些从事文学的女性，塑造新时代的文学，也因新文学而使自己成为新女性。